Kleine Mainzer Schriften
zur Theaterwissenschaft

Kleine Mainzer Schriften zur Theaterwissenschaft
Band 23

Performing the Veil

Zur Darstellung 'muslimischer' Verschleierung und 'weiblichem' Körper in den visuellen Künsten nach 9/11

von

Lisa Skwirblies

Herausgegeben von Peter Marx, Kati Röttger und Friedemann Kreuder

Tectum Verlag

Lisa Skwirblies

Performing the Veil. Zur Darstellung 'muslimischer' Verschleierung und 'weiblichem' Körper in den visuellen Künsten nach 9/11
Kleine Mainzer Schriften zur Theaterwissenschaft; Band 23

ISBN: 978-3-8288-2867-4
ISSN: 1867-7568

Umschlagabbildung: Deutsche Erstaufführung beim "Tanz im August" in Berlin am 20.8.2010, Choreografie: Héla Fattoumi, Éric Lamoureux › Mit: Héla Fattoumi, Produktion: Centre Chorégraphique National de Caen/Basse-Normandie (CCNC/BN) › Koproduktion: Festival Montpellier Danse 2009, LiFE – Lieu international des Formes Emergentes de Saint Nazaire › Gastspiel ermöglicht durch: Französische Botschaft, Bureau du Théâtre et de la Danse, CulturesFrance © Laurent Philippe.
Druck und Bindung: Schaltungsdienst Lange, Berlin
Printed in Germany

Besuchen Sie uns im Internet
www.tectum-verlag.de

Bibliografische Informationen der Deutschen Bibliothek
Die Deutsche Bibliothek verzeichnet diese Publikation in der Deutschen Nationalbibliografie; detaillierte bibliografische Angaben sind im Internet über http://dnb.ddb.de abrufbar.

Vorwort

Die vorliegende Publikation in unserer Reihe geht auf eine besondere Einladung zurück. Sie gebührt einer Studentin, die mittlerweile im Amsterdamer Internationalen Studiengang *Master of Arts International Performance Research* (MAIPR) mit einem Erasmus Mundus Stipendium einen Abschluss erwirbt, der auf die Zusammenarbeit zwischen vier Universitäten zurückgeht: neben Amsterdam sind das die *University of Warwick*, die *University of Helsinki* und die *University of Arts Belgrade*. Dass Lisa Skwirblies in ihrer Münchner Studienzeit unter der Betreuung von Christopher Balme ein ausgesprochenes Interesse an Fragen der internationalen, bzw. interkulturellen Theaterwissenschaft entwickelt hat, belegt die engagierte Magisterarbeit, die im Rahmen dieser Reihe vorgelegt wird.

Kati Röttger, Universität von Amsterdam

Wie der zweisprachige Titel deutlich macht, handelt es sich bei der vorliegenden Arbeit von Lisa Skwirblies um eine Untersuchung, die ein hoch aktuelles, ja brisantes Thema aufgreift. Die jüngsten Meldungen zum Verbot der Ganzkörper-Verschleierung (der Burka) in Belgien und Frankreich veranschaulichen, dass die Wahl der Kleidung, zumal im Kontext einer vermeintlichen Islamisierung Europas mit allgegenwärtigem Terror-Verdacht, nicht nur eine Frage des Geschmacks beziehungsweise der Mode darstellt. Die Arbeit verknüpft Fragen des Religiösen, des Geschlechtlichen und der Performanz und bezieht sie aufeinander anhand von vier Werken, die unterschiedliche Genres darstellen: Straßenkunst, Film, Dramatik und Tanz werden gleichermaßen behandelt, obwohl die grundlegende Perspektive weniger eine theaterwissenschaftliche als eine bild- und kulturwissenschaftliche ist. Dies ist auch sicherlich dem Thema gemäß und ermöglicht der Verfasserin eine flexiblere und komplexere Vorgehensweise.

Sie behandelt eine mysteriöse französische Graffiti-Künstlerin, Princess Hijab, die eine besondere Strategie des Übermalens entwickelt hat. Unter dem Begriff des Hijabizing übermalt sie offensichtlich sexistische Werbung mit der Ikonographie des Hijab. Durch diesen Akt „kreativer Zerstörung“ entstehen Meta-Bilder, die kulturelle und geschlechtliche Zuschreibungen destabilisieren. Wesentlich bekannter sind zwei Beispiele aus den Niederlanden: der berüchtigte islamkritische Film *Submission* von Ayaan Hirsi Ali und Theo van Gogh und das Theaterstück *The Veiled Monologues*, in dem in den Niederlanden lebende Musliminnen über ihre Sexualität in Form von Monologen Auskunft geben. Ein letztes Beispiel gilt einer Tanzperformance, *Manta* von Héla Fattoumi, in der die rein skulpturalen Qualitäten des Schleiers mit einem kritischen Blick auf die Maskenfunktion des verschleierten Körpers verknüpft werden.

Skwirblies zeigt, dass die gegenwärtige, von den Ereignissen um 9/11 überschattete Debatte einen längeren Vorlauf hat, der bis in die Tradition des europäischen Orientalismus zurückreicht. Sie verschränkt postkoloniale und feministische Perspektiven, da die zentrale Frage sich nur differenztheoretisch untersuchen lässt. So beweist Skwirblies ihre Vertrautheit mit den neuesten Ansätzen, die inzwischen einen hohen Grad an Komplexität erreicht haben. Sie bewegt sich souverän und zielsicher auf diesem schwierigen Terrain. Sie diskutiert recht überzeugend ideologische Fragen, die die Verschleierungs- und Kopftuch-Debatte besonders in westlichen feministischen Kreisen aufwirft.

Christopher Balme, München, im Mai 2012

Danksagung

Mein aufrichtiger Dank gilt Prof. Dr. Christopher Balme für die anregende Betreuung dieser Arbeit und die beständige Ermutigung durch meine gesamte Studienzeit hinweg zu eigenen und manchmal eigenwilligen Fragstellungen zu finden.

Sowie Prof. Dr. Fabienne Liptay und Dr. Julia Stenzel für ihre kritischen Fragen und inspirierenden Anmerkungen. Prof. Dr. Kati Röttger und Dr. Margit Weber für die großzügige Unterstützung bei der Publikation.

Meinen Eltern, ohne die diese Arbeit nie zustande gekommen wäre, sowie Léa, Phoebe, Anirban, Christian und Claudia für ihre scharfsinnige Kritik, geduldigen Korrekturen und unbezahlbare Freundschaft.

Inhalt

1 Einleitung 11

2 Geteilte ,Weiblichkeit' und kulturelle Differenz 19

2.1 Im Auge der Betrachteten - Imaginationen von ,Weiblichkeit' zwischen Burka-*Body* und Bundeskanzlerin 19

2.2 Imaginärer ,Orient' - Zwischen Feminisierung und Despotentum 25

2.3 ,Westlicher' Feminismus und der Kolonialismus - eine Komplizenschaft ,von Gewicht' 31

3 „I'm a visual terrorist" - *Princess Hijab* und der Akt des *Hijabizing* 37

3.1 Der *Hijab* und die soziale Ordnung 39

3.2 *Hijabizing* - Ein Akt „kreativer Zerstörung" 45

4 *Submission* und *The Veiled Monologues* - Eine Analyse vor dem Hintergrund postkolonialer feministischer Kritik 51

4.1 *Submission* - Von strategischen Essentialismen und dem Ende der „Toleranzpolitik" 57

4.2 *The Veiled Monologues* - Muslimischer Subdiskurs zwischen Sexualität und Religiosität 71

4.3 Zur synekdochalen Funktion und Beziehung des Hymen und des Schleiers 84

5 Mehr als nur ein Zeichen - Verschleierung als körperliche Praxis in der Performance Manta von Héla Fattoumi und Eric Lamoureux 91

5.1 Bühne und Schleier: Orte zwischen Vorstellung und Verstellung 92

5.2 Von der Innenseite der ,Schleiermaske' 96

5.3 Strategisches Durchleuchten - Eine Schlussbetrachtung 105

6 Literatur- und Abbildungsverzeichnis 109

Monographien, Sammelbände und Aufsätze 109

Zeitungsartikel 120

Videos, Internetquellen 121

Nachschlagewerke 121

Abbildungsverzeichnis 121

1 Einleitung

„Mein Kopf gehört mir!"[1] - Die Doppeldeutigkeit dieser Forderung einer jungen Demonstrantin wird erst dann in ihrem ganzen Ausmaße verständlich, wenn man das zu verteidigende Körperteil näher betrachtet: ihren Kopf ziert ein Kopftuch. Die Demonstrierende ist Muslima und protestiert für ihr Recht auf Verschleierung. Dass ihre Forderung sich an die feministische Parole der 1970er Jahre „Mein Körper gehört mir!" anlehnt, mit der das Recht auf Selbstbestimmung über den ,weiblichen' Körper gefordert wurde, bringt die Herausforderung, die die muslimische Verschleierung in einer säkularen europäischen Öffentlichkeit[2] darstellt, auf den Punkt. Die Doppeldeutigkeit des Besitzanspruches auf einen „eigenen Kopf" bezieht sich zum einen auf das Recht, den Kopf verschleiern zu dürfen und auf der anderen Seite auf den Anspruch, als muslimisch *und* als ,Frau' anerkannt und akzeptiert zu werden. Der Anspruch auf die religiöse Praxis der Verschlei-

1 Bahners, Patrick. „Der siegreiche Feminismus will Minderheiten nicht mehr schützen." *Frankfurter Allgemeine Zeitung*, 22.9.2010.

2 Unter Öffentlichkeit soll im Folgenden nicht ein Modell von Öffentlichkeit im rein habermasschen Sinne einer „bürgerlichen" Öffentlichkeit verstanden werden (Habermas 1990 [1962]). Dieses hat sich zwar dem selbst auferlegten Anspruch, ein Allgemeininteresse zu vertreten, verschrieben, schließt aber de facto in seiner Konstruktion als „bürgerliche" Öffentlichkeit weite Teile der Bevölkerung aus. Den Fokus ihrer Kritik am habermasschen Modell legen demnach die post-habermasschen *public sphere*-TheoretikerInnen vor allem auf die Exklusivität der Konzeption bürgerlicher Öffentlichkeit (vgl. Negt/Kluge 1972; Calhoun 1992; Eley 1992; Hohendahl 2000; Mah 2000). Durch die kritische Auseinandersetzung mit dem habermasschen Modell hat insbesondere im englischspachigen Raum der Begriff der Öffentlichkeit eine „Verräumlichung" erleben dürfen, wie es in Harold Mahs zusammenfassender Definition des Begriffs deutlich wird:„ (...) public sphere as a space or domain that one enters, occupies, or leaves" (Mah 2000: 163). Dem Modell der in sich abgeschlossenen und exklusiven, klassisch-liberalen Öffentlichkeit, die sich immer schon als *eine* Öffentlichkeit positioniert, wird in der post-habermasschen Theorie die *public sphere* gegenüberstellt als ein sich öffnender und divergierende Gesellschaftsgruppen umfassender Raum (vgl. Mah 2000: 166). So soll, wenn im Folgenden der Einfachheit halber lediglich von „Öffentlichkeit" die Rede ist, die Problematisierung des habermasschen Öffentlichkeitsbegriffs durch den der *public sphere* bzw. *public spheres* mit gelesen werden. Nicht zuletzt, da es in der vorliegenden Arbeit um eben diese Problematik der sichtbaren Positionierung divergierender Gruppen geht. Zu einer Diskussion von *public sphere* und Religion bzw. Islam siehe Asad 2003.

erung richtet sich demnach auch gegen eine ‚Zwangsemanzipation' durch ‚westlich' feministische Projekte.

Die in der letzten Zeit häufig (und oft populistisch) geführten Debatten über „Kopftuch tragen" und „Kopftuch *er*tragen" reihen sich ein in die allgemein gesellschaftlichen Diskussionen zur erstarkenden Sichtbarkeit religiös-kultureller Zeichen. Dabei wird aber immer wieder verstärkt die Forderung lanciert, eine Diskussion auch innerhalb des europäischen feministischen Projekts zu führen. Gefordert wird eine Annäherung an die Belange ‚der anderen Frau', die über das Aburteilen und Stigmatisieren der Verschleierung als Instrument zur Unterdrückung der Frau hinausgeht. Zur Diskussion steht die Herausforderung, die die Praxis der Verschleierung für einen ‚westlichen' Feminismus bedeutet.

Wie die Debatten um Burka-Verbot, Kopftuch-Streit und Minarett-Bau zeigen, löst die sogenannte neue Sichtbarkeit ‚der' Muslime Befremden und Beängstigung in den europäischen Öffentlichkeiten aus. Gestützt wird diese ‚neue' Sichtbarkeit von geschlechtlichen, körperlichen und räumlichen Praktiken. Das Sichtbare wird damit zum Ort sozialer Interaktion. Im Falle der Praxis muslimischer Verschleierung, die hier im Fokus stehen soll, ist es aber nicht allein der Schleier als Objekt, an dem ‚Bilder' religiöser Differenz sichtbar werden können, sondern der verschleierte ‚weibliche' Körper. Es ist ‚die' Schleierträgerin, die diese vermeindlich neue Sichtbarkeit garantiert, gefangen in der paradoxen Struktur von Sichtbarkeit und Unsichtbarkeit, so die grundlegende These dieser Arbeit.

Dabei wird häufig darauf hingewiesen, dass Burka und Kopftuch als Anstoßstein der Kritik keinesfalls vergleichbar seien: denn während das Kopftuch zumindest das Gesicht der Person sichtbar lasse, verweigere die Burka als Vollverschleierung gleich die gesamte Identität ihrer Trägerin. Der Kern der Kritik der VerschleierungsgegnerInnen richtet sich demnach nicht nur auf die Verschleierung als Zeichen einer religiösen Gruppenidentität, also eine Kritik an der erstarkenden Präsenz religiös-kultureller Zeichen in einer säkularen europäischen Öffentlichkeit. Ebenso sehr bezieht sich die Kritik auf die Möglichkeit der *Identifizierbarkeit*, auf die *Sichtbarkeit* der Person im öffentlichen Raum und in der gesellschaftlichen Ordnung.

Während die Vollverschleierung in Ländern, in denen diese Praxis von der Mehrheit der Bevölkerung ausgeführt wird, ihre *verbergende* Funktion erfüllen kann, verhilft sie in einer europäischen Öffentlichkeit ihren Trägerinnen eher zu einer verstärkten als zu einer reduzierten Sichtbarkeit. Längst ist ,der' Schleier nicht mehr nur noch der Schutz vor ,männlichen Blicken', sondern, wie es bspw. die junge Demonstrantin zeigt, wird immer häufiger zu einer Art ,Statement' junger Muslima in Europa, mit dem sie sich in einer sichtbaren Gruppenzugehörigkeit positionieren[3]. ,Der' Schleier wird dabei zu einem Politikum, das sich zwischen zwei Positionen der Sichtbarkeit verortet: die erstarkende Sichtbarkeit religiös-kultureller Zeichen in einer säkularen Öffentlichkeit und die reduzierte Sichtbarkeit der individuellen Schleierträgerinnen.

Religion (gemeint ist ,der' Islam) erscheint in diesem Zusammenhang als machtvolle Form der Grenzziehung und der Verstärkung einer Gruppenzugehörigkeit. Ganz ähnlich funktioniert auch *gender*[4] als eine wirkmächtige und vorherrschende Form der Organisierung sozialen Lebens und persönlicher Identitätskonstruktionen (vgl. Morgan 2005: 191f.). Die Verknüpfung und gegenseitige Durchkreuzung

---

3 Vgl. dazu Homi Bhabhas Ausführungen über den „Krieg der Positionen", der Huntingtons essentialistisches und reduktionistisches Konzept eines „Kampf der Kulturen" ablöst, zugunsten hybrider Identitätskonstruktionen und einer Vielfältigkeit von Positionen: „Die Möglichkeit kulturellen Widerstreits, die Fähigkeit, die Erkenntnisgrundlage zu verschieben oder am ,Krieg um Positionen' teilzunehmen, ist kennzeichnend für die Etablierung neuer Bedeutungsformen und Identifikationsstrategien" (Bhabha 2007: 247).

4 In der lateinischen Grammatik mit Genus bezeichnet, gibt es zu dem englischen Begriff *gender* bisher im Deutschen keine Entsprechung. Der Begriff verweist auf die sozio-kulturelle Konstruktion von Geschlechtsidentität, auf die Geschichtlichkeit sexueller Identität und auf die kulturelle Determination von Geschlechterrollen. Während er zunächst als Abgrenzung zum vermeintlich biologisch bestimmten Geschlechtskörper (*sex*) dient, hat sich die Annahme durchgesetzt, dass auch das biologische Geschlecht keine ahistorische Größe ist: „*Gender* bezeichnet demnach nicht Fakten, sondern semantische Bedeutungszuschreibungen, die sexuellen Unterschieden zugeordnet werden" (Wende 2002: 141). Es muss gefragt werden, welche Rolle die Geschlechterunterschiede in der Organisation von Gesellschaften spielen. Geschlechterdiskurse geben nach einem diskurstheoretischen Ansatz, wie ihn bspw. Michel Foucault entwickelt hat, Auskunft darüber, auf welche Weise Geschlechterdefinitionen und Geschlechterdifferenzen in einer konkreten sozio-historischen Situation sichtbar und sagbar werden (vgl. Wende 2002: 142).

von geschlechtlicher und religiöser Differenz[5] lassen sich an der Praxis der muslimischen Verschleierung zusammen denken und sollen einen entscheidenden Fokus dieser Arbeit bilden.

Der Schleier als vielschichtiges Phänomen wird dabei je nach Belieben und von jeweils verschiedenen politischen und kulturellen Gruppen zu unterschiedlichen Deutungen und Aussagen bemüht: als Symbol sowohl für die Unterdrückung ‚der' Frau als auch für den Widerstand gegen sogenannte westliche Werte als Zeichen sowohl der Ausschließung ‚der' Frau aus der Öffentlichkeit als auch ihrer Chance, an selbiger partizipieren zu können, sowohl als Möglichkeit der Sichtbarmachung von religiöser Differenz als auch der Unsichtbarmachung eines als weiblich markierten Körpers dahinter.

Als zeitliche Rahmung ist dieser Arbeit die sogenannte „kulturelle Zäsur"[6] 9/11 zu Grunde gelegt. Das soll nicht heißen, dass das Verhältnis von ‚dem' Islam und dem ‚Westen' erst nach 2001 Aufmerksamkeit auf sich gezogen hat, so dient jedoch der Schleier seit dem 11. September 2001 verstärkt in seiner visuellen Bedeutung und Symbolkraft zur Markierung einer muslimischen Gruppenidentität in der Öffentlichkeit Zentraleuropas[7].

---

5 Diese Arbeit verwendet den Begriff der Geschlechterdifferenz im Sinne des dekonstruktiven Feminismus (und damit im Anschluss an den Konstruktivismus und Poststrukturalismus) als diskursiven rhetorischen Effekt, als Praxis der Signifikation. Dadurch, dass sie nicht mehr zwingend an den Geschlechtskörper gebunden sein muss, gewinnt die Geschlechterdifferenz zwar eine neue Dimension, behält aber weiterhin die Begriffe männlich/weiblich bei (vgl. Kroll 2002: 154).

6 Vgl. Poppe/Schüller/Seiler (2009).

7 Die Verortung der Fragestellung in einer *europäischen* Öffentlichkeit erfolgt aus pragmatischen Gründen. Da es sich bei dem Folgenden um eine Diskursanalyse handelt, die den Diskurs um die erstarkende Sichtbarkeit identitätsstiftender Gegenstände kultureller/religiöser Gruppen untersucht, die different zu der Öffentlichkeit erscheinen, in der sie sich positionieren. Dabei sollen Begriffe wie „abendländisch/morgenländisch" vermieden werden und bei der Analyse der zu betrachtenden Phänomene und des Diskurses, in den sie eingebettet sind, soll die historische Interaktion zwischen Europa und der außereuropäischen Welt mitbedacht werden. Im Sinne des Konzepts der *entangled histories* (Conrad/Randeria 2002) soll Europa immer im Kontext seiner imperialen Projekte gedacht werden, ohne eine welthistorische Totalität postulieren zu wollen (vgl. Conrad/Randeria 2002). Zum anderen schlägt sich die Diskussion um die Sichtbarkeit muslimischer Symbole wie die ‚Burka-Debatte', der ‚Moscheen-Streit' und das ‚Kopftuch-Verbot' in weiten Teilen Zentraleuropas nieder und die in dieser Arbeit zu

Diese Auseinandersetzung unterliegt einer Kontinuität, die das kürzlich wieder aufkeimende Interesse an ihrer Thematik in der zentraleuropäischen Öffentlichkeit zweifellos politischen und gesellschaftlichen Daten zu verdanken hat.[8] 9/11 als zeitliche Rahmung dieser Arbeit lässt sich zumindest in der visuellen Darstellung des Verhältnisses von Muslimen und Nicht-Muslimen und in dem Verhältnis von bildlicher Repräsentation und Wirklichkeit[9] rechtfertigen.

Michel Foucaults Annahme folgend, dass jede historische Formation das sichtbar macht, was sie nach den ihr jeweils spezifischen Bedingungen der Sichtbarkeit zu sehen vermag (Foucault 1974[1966]), könnte man jedoch argumentieren, dass mit 9/11 und seinen Bildern verstärkt Ängste in Bezug auf das ‚Visuelle' in der Beziehung von muslimischen und nicht-muslimischen Gesellschaften eine tragende Rolle gespielt haben.

Auf eben dieses durch ‚Bilder' ausgelöste Unbehagen stützt W.J.T. Mitchell seine Ausrufung des *Pictorial Turn* (Mitchell 2008[1994]) im so häufig ausgerufenen Zeitalter „des Spektakels" und „der Überwachung" (Debord und Foucault). Mit Hilfe von Mitchells Überlegungen zur Wirkmächtigkeit von ‚Bildern' und der *Visual Culture Studies* im Allgemeinen lässt sich nach den sozialen Funktionen und Effekten von ‚Bildern' fragen, nach der Art und Weise, in der ‚Bilder' an der sozialen Konstruktion von Realität teilnehmen. Der Bildbegriff der *Visual Culture Studies* ist dabei weiter gefasst als der der Kunstgeschichte. Das schlägt sich bspw. in einem Zugang zum ‚Bild' nieder, der nicht hauptsächlich auf ontologischen Fragen nach dem Wesen des Bildes basiert, als vielmehr den Fokus auf den sozialen und kulturellen Umgang mit Bildern legt. Fragen nach der Wirkung visueller Repräsentationen und das gesamte Feld der Sichtbarkeit schließen sich dem an

---

betrachtenden Kunstphänomene positionieren sich ebenfalls im zentraleuropäischen Raum.

8 Insbesondere dem Golfkrieg 1991, den Attentaten auf westliche TouristInnen in der arabischen Welt, der zweiten Intifada und den Anschlägen auf das World-Trade-Center 2001. Die seit den 1990er Jahren bestehende Tendenz der Kulturalisierung und der Dichotomisierung dieses Verhältnisses in die Oppositionen ‚Westen/Islam' haben zu einer Renaissance des Orientalismus geführt, so die These Andrea Polascheggs (vgl. Polaschegg 2005).

9 Zum sich wandelnden Verhältnis von Bild und Wirklichkeit siehe Baudrillard, Jean: Der Geist des Terrorismus. Wien: Passagen 2003. Zur Einbettung von Baudrillards Thesen in die Diskussion um 9/11 als kulturelle Zäsur siehe Schüller, Thorsten: Kulturtheorien nach 9/11. In: Poppe; Schüller 2003. S. 21-39

(vgl. Jakob/Röttger 2009) und sollen vor der Folie einer feministischen Diskursanalyse den methodischen Hintergrund dieser Arbeit bieten.

An die Diskussion der Figur der (Un)Sichtbarkeit durch das Phänomen *Verschleierung* lässt sich auch eine kritische Hinterfragung der vermeintlichen Eindeutigkeiten anschließen, die unser Sehen immer schon bestimmen. Hier kann exemplarisch aufgezeigt werden, wie erfolgreich ‚Bilder' als Doppelagent zwischen Verhüllen und Zeigen an der Konstruktion sozialer Realität mitarbeiten. Fragen nach der Unsichtbarkeit von Visualität generell lassen sich in diesem Kontext lancieren, nach kultureller Blindheit in heutigen pluralistischen Gesellschaften und nach dem nicht unproblematischen Bestreben von kulturell-religiösen Minderheiten, (politische) Sichtbarkeit zu erzeugen.

Der Schleier positioniert sich an der Schnittstelle von Kleidung, Körper und Kultur. Seine Vielschichtigkeit spiegelt sich auch in der Verhandlung der Beziehung von Schleier und Körper in den Künsten wider. Dabei bin ich mir sehr wohl der Gefahr bewusst, bei der Betrachtung zeitgenössischer künstlerischer Verhandlungen von Verschleierung selbst möglicherweise neuen Orientalismen das Wort zu reden, wenn bspw. dem/der ‚Islamic other within' das Privileg und die Autorität zugesprochen wird, die ‚andere' Kultur präsentieren und visualisieren zu können. Um dies zu vermeiden, sollen die zu analysierenden Kunstphänomene kritisch auf die in ihnen möglicherweise angelegten neo-Orientalismen hin abgeklopft werden. Entscheidend für die Auswahl der zu betrachtenden Phänomene ist die thematische Auseinandersetzung mit dem Phänomen der Verschleierung heute und seiner Lokalisierung in einem europäischen (also traditionell nicht-muslimischen) Kontext, unabhängig von Nationalität, Geschlecht oder Religion der KünstlerInnen. Diese Arbeit stellt es sich demnach weder zur Aufgabe, moderne ‚muslimische' Kunst zu betrachten noch eine wie auch immer geartete ‚weibliche' Auseinandersetzung mit dem Thema Schleier zu analysieren. Unter die postkoloniale und dekonstruktive Lupe genommen werden soll vielmehr die Verhandlung von muslimischer Verschleierung und geschlechtlich markiertem Körper vor dem Hintergrund der Figur (Un)Sichtbarkeit. Essentialismen zu vermeiden bzw. ihr vermehrtes Auftreten in dem aktuellen Diskurs über muslimische Verschleierung zu enttarnen, ist treibende Kraft dieser Arbeit.

Dass die vier ausgewählten Kunstphänomene, die in dieser Arbeit analysiert werden sollen, vier verschiedenen Genres entstammen, ist nicht so sehr einem bewusst interdisziplinären Ansatz zu schulden als vielmehr dem gemeinsamen Fokus auf Fragen von (Un)Sichtbarkeiten im Verhältnis von Schleier und Körper. Während die ersten drei Analyseobjekte aus Graffiti-Art, Film und Performance die Visualität ihres Mediums über die Figur und das Objekt Schleier einer eingehenden Verhandlung unterziehen, thematisiert das zu behandelnde Drama Fragen der Sichtbarkeiten über den Topos des Blicks und des Blickwechsels. So stellt *Princess Hijab* (Kap. 3) mit ihrer Graffiti-Art nicht nur die Wahrnehmung visueller Repräsentation von Geschlechtskörper und muslimischer Identität auf den Kopf, sondern bietet zudem auch mit ihren gesprayten *Hijabs* eine ‚Kritik am Sehen' schlechthin. In der Analyse von *Submission* (Kap. 4), einem Kurzfilm des niederländischen Filmemachers Theo van Gogh und der Frauenrechtlerin Ayaan Hirsi Ali, soll untersucht werden, wie das Zusammenspiel von muslimischer Verschleierung und versehrter Haut für das politische Projekt des Filmes, der Forderung nach einem Ende der holländischen Toleranzpolitik, nutzbar gemacht wird. Das Drama *The Veiled Monologues* von Adelheid Roosen (Kap. 4 und 5), das ebenfalls aus den Niederlanden stammt, macht es sich hingegen zur Aufgabe, einem muslimischen Subdiskurs eine Bühne zu bieten, der weitestgehend die Beziehung von Islam und Sexualität thematisiert. Das Theaterstück beruht auf Interviews mit in Holland lebenden Muslima. Die einer breiten Öffentlichkeit sonst nicht zugänglichen Monologe der Frauen bekommen durch das Drama ein Gehör und zeichnen das Bild einer innerhalb des religiös-kulturellen Kontextes des Islam hergestellten ‚Weiblichkeit'. In einer Schlussbetrachtung der Tanz-Performance *Manta* von Héla Fattoumi und Eric Lamoureux (Kap. 5) lassen sich - über die verhandelte Zeichenhaftigkeit von Schleier und Körper hinaus - Fragen zur Verschleierung als körperliche Praxis (*embodied practice*) anschließen. Zu diskutieren ist darüber hinaus, die Rolle der *embodied practice* in der Formierung eines ‚religiösen' Subjekts, ebenso wie Fragen zum Raum, die der Schleier in seiner Grenzfunktion zwischen privat und öffentlich auch immer schon in den Tiefen seiner Stofflichkeit mit sich trägt.

In diesem Sinne gilt es - vor der historischen Folie des Orientalismusdiskurses und des Kolonialdiskurses (Kap. 2) - einen möglichen Bruch mit der tradierten Ikonographie des Schleiers, der Verschleierungen und des verschleierten Körpers aufzusuchen. Indem die Betrachtung der Kunstphänomene immer wieder mit einem Rückblick in die Kolonialgeschichte konfrontiert wird, soll der Frage der Verschleierung einen historisch (post)kolonialen Rahmen geben.

Der rote und diskursanalytische Faden dieser Arbeit soll sich bei der Betrachtung der (Neu)Verhandlung von Schleier und Körper in den Künsten nach 9/11 an drei Leitfragen entlang knüpfen: erstens entlang der Frage nach der spezifischen Herausforderung, die muslimische Verschleierung in der europäischen Öffentlichkeit für ,westlich' feministische Diskurse darzustellen scheint, zweitens vor dem Hintergrund der Frage nach der Intersektionalität von geschlechtlicher und religiöser Differenz und drittens unter Berücksichtung der Figur von Sichtbarkeiten und Unsichtbarkeiten.

2 Geteilte ,Weiblichkeit' und kulturelle Differenz

2.1 Im Auge der Betrachteten – Imaginationen von ,Weiblichkeit' zwischen Burka-*Body* und Bundeskanzlerin

Die feministischen Theorien haben sich in den letzten 20 Jahren immer wieder besonders mit der Frage nach historischer bzw. kultureller Differenz[10] und mit der Herausforderung auseinandergesetzt, die diese für das feministische Projekt sowohl auf analytischer als auch auf politischer Ebene bedeutet.

Vor allem postkoloniale feministische TheoretikerInnen (Mahmood 2005; Mohanty 2003; Ahmed 1992) haben kritisch angemerkt, dass dabei zwar bereits in Ansätzen die Fragen des Zusammenspiels von *sexual difference, race, class* und *gender* Berücksichtigung gefunden hätten, Überlegungen zur religiösen Differenz jedoch in diesem Zusammenhang außen vorgelassen worden seien. Saba Mahmood führt diese ,Berührungsängste' der ,westlichen' feministischen Projekte mit religöser Differenz auf die historisch geprägten Beziehungen von islamischen Gesellschaften und dem ,Westen' zurück. Besonders seit den Ereignissen vom 11. September 2001, so Mahmood in Übereinstimmung mit wohl einem Großteil der Forschungslandschaft, stellen die modernen islamischen und islamistischen Bewegungen für den liberalen Säkularismus des ,Westens' (und damit auch für einen ,westlichen' Feminismus) eine neue Herausforderung dar (Mahmood 2005 und 2006).

Die Analyse einer zunächst harmlos anmutenden Anzeige des Journals *Der Stern,* die zur Zeit des Entstehungsprozesses dieser Arbeit in der *Süddeutschen Zeitung* geschaltet wurde, soll die taktische Verschleierung einer neo-orientalistischen Rhetorik unter dem Banner der sogannten „Frauenfrage"[11] verdeutlichen.

10 Der Begriff der Differenz, ganz allgemein gehalten, ist besonders in der *Visual Culture* stark von Foucaults Auffassung des Begriffs, wie er ihn in „Überwachen und Strafen" einführt, geprägt. Differenz ist dabei, und auch für den Fortlauf dieser Arbeit, immer als historisch konstruiert zu lesen und somit unweigerlich politisch. So betont Said in *Orientalism,* dass Differenz immer ahistorisch auftritt und somit die Form eines „radical realism" annimmt (vgl. Said 1979).

11 Es handelt sich dabei um die sogenannte „soziale Frauenfrage", um einen Topos des 19. Jahrhunderts, unter dem die gesellschaftliche Stellung der Frau zum Diskussionsgegenstand wurde. Silvia Bovenschen unter anderen

Abb. 1: Anzeige des ‚Stern' in der Süddeutschen Zeitung

Diese Anzeige des *Sterns* in der *Süddeutschen Zeitung* vom 09.10.2010[12] zeigt Angela Merkel und eine unbekannte, verschleierte und in einem alarmierenden Rotton abgebildete Frau, die beide so weit übereinander geblendet sind, dass sie sich einen Großteil ihrer Körper zu teilen scheinen. Es lässt sich dabei vermuten, dass die Wahl des Auges als das zentrale Bindeglied der beiden Frauenkörper nicht willkürlich gewählt worden ist. Als okularzentrisches Filmparadigma wird es im Rahmen dieser Arbeit noch mehrfach bemüht werden und in Zusammenhang mit der Filmanalyse in Kapitel 4 einer eingehenderen Betrachtung unterzogen werden. Es ist das eine gemeinsame Auge, das der Betrachterin zwei von unterschiedlicher Motivation gelenkte Blicke zurückwirft. Bei drei abgebildteten Augen und zwei Gesichtern sieht sich die Betrachterin gezwungen, das Auge jeweils einem der Gesichter zuzuord-

---

hat zu recht darauf hingewiesen, dass es streng genommen keine „Frauenfragen" geben kann, da der Begriff der trügerischen Annahme unterliege, „daß sich einzelne Bereiche des Lebens unter ihm erfassen und abhandeln ließen, während sich alle anderen Bereiche dem auf das Weibliche gerichteten Zugriff entzögen (...)." Dies, so Bovenschen, verharmlose das Problem und mache Frauen zum Objekt eines Partikularinteresses (Bovenschen 2003: 20).

12 *Süddeutsche Zeitung*, Nr. 234, 09.10.2010.

nen, um ein vollständiges ‚Bild' zu bekommen. Das Auge wird zu dem entscheidenden Baustein, dessen sich die Betrachterin bedienen muss, um die jeweilige Protagonistin in ihrem (Gesichts)-Ausdruck vollständig zu betrachten und von ihr betrachtet werden zu können. Eingeordnet in das Gesichtsfeld der Burka-Trägerin wird durch den ansonsten vollkommen verschleierten Körper die gesamte Aufmerksamkeit auf das Augenpaar der Betrachteten gelenkt. Ihre Augen seien die einzige Möglichkeit zum Ausdruck, scheinen ihr Blick und der erst auf den zweiten Blick sichtbare Zeigefinger über ihren verschleierten Lippen ‚sagen' zu wollen. Die Burka, der an den Mund gelegte Zeigefinger im Gestus der Sprachlosigkeit und der kommentierende und im selben Rot Ton unterlegte Text am rechten Rand der Anzeige, zeichnen das Bild der unterdrückten, weil stimmenlosen Frau unter der Burka. Das Sagbare, der Diskurs über die sogenannte ‚soziale Frauenfrage', wird aufgeworfen durch das Sichtbarmachen von Sprachlosigkeit. Das ‚Verschwinden' der Frau hinter der Burka korrespondiert mit ihrer fehlenden Stimme in einer Öffentlichkeit, korrespondiert mit ihrer Machtlosigkeit, so die scheinbare und um einige Korrespondenzen fortsetzbare Aussage dieser Werbe-Anzeige. Text und Bild, Stimme und körperliche Erscheinung, Sprache und Blick arbeiten in diesem Kontext gemeinsam an einem vermeintlichen Wissen über die Lage der Frauen in Afghanistan. Dieses Zusammenspiel unterstreicht die Annahme, dass das ‚Weibliche' sich nicht durch soziale Existenzformen von Frauen konstituiert, sondern seine Kontur vielmehr durch die „Imaginationen des Weiblichen" gewinnt, wie es Silvia Bovenschen (Bovenschen 2003) betont hat. ‚Weiblichkeit', so Bovenschen, materialisiere sich in den Beziehungen der Geschlechter und in dem Verhältnis der Frauen zu sich selbst, das aus dieser Beziehung hervorgegangen sei. Die imaginierte Weiblichkeit stelle sich rückblickend an den Platz der weiblichen Geschichte und „der Reichtum der imaginierten Bilder kompensiert scheinbar die Stummheit der Frauen" (Bovenschen 2003: 41). Dass die Burka-Trägerin ‚sprachlos' ist, könnte in bovenscher Argumentation auch ein Effekt des ihre Stimme übertönenden Lärms der stellvertretenden Rede über sie bzw. das ‚Weibliche' sein.

Lässt sich die Betrachterin weiter auf die impliziten Betrachtungsvorgaben der Abbildung ein und ordnet den Augenbaustein in einem nächsten Schritt dem Gesichtsfeld Angela Merkels zu, so funktioniert das Auge in einem Gesichtsausdruck, der sich deutlich von dem der Burka-Trägerin zu unterscheiden versucht. Mehr noch als das scheint er, diesen weiter zu schreiben. Bei der Darstellung Angela Merkels wird der Fokus weit weniger auf ihre Augen resp. ihren Blick gelegt. Die Aufmerksamkeit der Betrachterin wird auf den halb offen stehenden Mund und die sich im Gestus des Zeigens, Deutens oder Unterstreichens befindliche Hand Angela Merkels gelegt. Zusammengenommen mit dem in Weiß gehaltenen kommentierenden Text am Rand, zeichnet sich das Bild einer sprechenden, einer vielleicht sogar befehlenden, aber in jedem Fall mit einer politischen Stimme ausgestatteten Frau ab.

Veröffentlicht in Zeiten des andauernden Krieges in Afghanistan unter der Beteiligung deutscher Truppen und einer öffentlich geführten Debatte über die Legitimität dieses Einsatzes wird die Rolle der beiden Frauen bzw. ihre Funktion innerhalb der Anzeige eindeutig: Die Frau in der Burka repräsentiert alle (unterdrückten) Frauen Afghanistans und Angela Merkel muss ihr Gesicht für alle (nicht-unterdrückten) Frauen Deutschlands hergeben. Was beide neben dem Auge und dem halben Oberkörper, den sie sich teilen, gemeinsam haben, so die scheinbare Aussage der Anzeige, ist ihr ‚Frau-Sein'.

In Fragen der Intersektionalität[13] von so genannten Differenzkategorien[14] (in diesem Fall *gender* und *religion/culture*) ist ein interessanter Punkt, dass bei der Fokussierung auf eine der Kategorien der anderen möglicherweise ein Teil der Aufmerksamkeit entzogen wird. Liegt die Konzentration auf der Differenzkategorie *religion*, würde demnach *gender* als Differenzkategorie weniger betont werden. Das hieße, dass stattdessen die Gemeinsamkeiten von Frauen und Männern „derselben Gruppe" stärker hervorgehoben würden in Abgrenzung zum konstruierten religiösen bzw. kulturellen ‚Anderen'. Naturgemäß wird durch diese Fokusverschiebung die Geschlechterdifferenz innerhalb der jeweiligen „Gruppe" nicht vollkommen verwischt. Sie wird eher stumm gestellt als ausradiert, oder um mit der Figur von (Un)Sichtbarkeit zu sprechen: eine Differenzkategorie wird sichtbarer als die andere (vgl. Littlewood 2004: 118).

---

13 Zur Thematik der Intersektionalität siehe: Lutz, Helma; Vivar, Maria Teresa Herrera; Supik, Linda (Hgg.): Fokus Intersektionalität. Bewegungen und Verortungen eines vielschichtigen Konzepts. VS Verlag für Sozialwissenschaften, Wiesbaden 2010; Crenshaw, Kimberle. „Mapping the Margins: Intersectionality, Identity Politics, and Violence against Women of Color." *Stanford Law Review* 43.6 (1991); Knapp, Gudrun-Axeli: *Achsen Der Differenz*. Münster: Westfäl. Dampfboot, 2003.

14 Differenz wird im Rahmen dieser Arbeit naturgemäß nicht als statisch oder leicht determinierbar verstanden, sondern immer als performativ.

Entzieht *man* sich als Betrachterin für einen Moment der disziplinierenden Blickführung der Anzeige, die ein durch die Trinität der Augen provoziertes zeitliches Nacheinander in der Betrachtung fordert, lässt sich eine zweite mögliche Lesart der Anzeige hervorheben.

Lässt *man* sich auf die Überblendung der beiden Gesichtsfelder und Körperhälften ein, entsteht die Irritation, wer sich dort eigentlich unter der Burka befindet. Ist dort noch eine ,andere' Person unter dem Schleier oder könnte es sich bei der Burka-Trägerin um den Schatten Angela Merkels handeln? Und was wird dadurch sag- bzw. sichtbar(er)? Wenn es ebenso Angela Merkel sein könnte, die in diesem Fall unter dem Schleier steckte, würde die Lesart sich dahingehend verschieben, dass es nun nicht mehr um die Handlungsaufforderung ginge, ,die Frauen Afghanistans' auf Grund ihrer vermeintlichen Unterdrückung zu befreien, sondern ,die Frauen Afghanistans' aus ihrer Unterdrückung zu befreien, da sie Werte und Normen verkörpern, die für die ,westlichen' Werte und Normen eine anzunehmende Bedrohung darstellen. Das alarmierende Rot der Burka, ihre Positionierung und schemenhafte Abbildung vor einer zeitlich und räumlich unbestimmten Kulisse lassen auf eine den ,Westen' (verkörpert durch die Person Angela Merkels) bedrohende Kultur resp. ,den' Islam hindeuten. Der Zeigefinger an den Lippen der Burka-Trägerin verstärkt das Bild der Bedrohung und der lauernden Gefahr noch. Die Betrachterin wird nicht nur zum Schweigen aufgefordert, sondern zur Komplizin gemacht, zur Komplizin bezüglich eines Wissens um die beständig lauernde Gefahr, die Bedrohung westlicher Werte, wie in diesem Zusammenhang die Bedrohung der ,Rechte der Frau'. Oder wie es Alice Schwarzer in populistischer Manier pointiert: „Das wahre Problem ist die systematische Unterwanderung unseres Rechtssystems mit dem Ziel der ,Islamisierung' des Westens."[15]

Wenn also *Der Stern* in seiner Anzeige den Fokus der Betrachtenden (in beiden Lesarten) darauf lenken will, dass beide Frauen ,denselben Körper' teilen (nämlich einen als ,weiblich' entlarvten Geschlechtskörper), wird die Burka in der Anzeige zum Symbol für kulturelle/religiöse Differenz par excellence. Mit der Betonung der geteilten ,Weiblichkeit' der beiden Protagonistinnen wird in der ersten Lesart die rote Burka der Anzeige wie auch der Schleier im westlichen Diskurs nach 9/11 überhaupt, zum vermeintlich eindeutigen Zeichen für die Unter-

15 Zit. nach: Steinfeld, Thomas. „Feinderklärung. Alice Schwarzer, der Islam und der Feminismus." *Süddeutsche Zeitung* 09.10.2010.

drückung der muslimischen Frau einerseits und für eine ‚kulturelle Rückständigkeit' des Islam andererseits. Der angeführte zweite Interpretationsvorschlag würde die metonymische Funktion der Burka-Trägerin verstärken, durch die sie zum ‚Gesicht' der kollektiven Identität einer ganzen Religion wird, und dadurch gleichzeitig im Rahmen der Werbung auch für die lauernde Bedrohung steht. Sie steht für den Feind, den es zu fürchten und zu vernichten gilt.

Was beide Lesarten vereint, ist, dass Geschlechter- und religiöse Differenz sich in ihrer Funktion für die Aussage der Anzeige in die Hände spielen.

> „*(...) It was the visual image of the burka, more than anything else that condensed and organized knowledge about Afghanistan and its women, as if this alone could provide an adequate understanding of their suffering.*" (Mahmood 2006: 207)

Liest man mit dem vorausgegangenen Zitat von Saba Mahmood die Anzeige, müsste man es für die Argumentationslinie dieser Arbeit um eine Kategorie erweitern: Denn es ist nicht das Bild der Burka, so die These dieser Arbeit, das den Krieg in Afghanistan zu legitimieren helfen soll, sondern das der *burka-bodies,* das Bild des verschleierten Körpers oder mit Hans Belting gesprochen das Körper-Bild (vgl. Belting 2001), das sich aus der Verschleierung ergibt. Denn die Kleidung ist ein spezieller Gestus der Verkörperung. Sie gehört dabei aber weniger zum Körperbild als zum Menschenbild, die Belting voneinander unterscheidet, da der Mensch sich im Körper repräsentiert:

> „*Der Mensch ist so, wie er im Körper erscheint. Der Körper ist selbst ein Bild, noch bevor er in Bildern nachgebildet wird. Die Abbildung ist nicht das, was sie zu sein behauptet, nämlich Reproduktion des Körpers. Sie ist in Wahrheit Produktion eines Körperbildes, das schon in der Selbstdarstellung des Körpers vorgegeben ist.*" (Belting 2001: 89)

Der Schleier als Bild arbeitet also nicht allein. Sein bester Verbündeter ist der als weiblich markierte Körper, das als weiblich markierte Körper-Bild.

Es ist der ‚weibliche' verschleierte Körper, der zu einer metonymischen Funktion wird, um die kollektive Identität der islamischen Gemeinschaft in der europäischen Öffentlichkeit darzustellen. Bei einer längeren Betrachtung der Anzeige scheint es, als erlaube die besondere Unsichtbarkeit der Burka-Trägerin es ,dem' Islam, sich an ihrer statt zu zeigen als rote Gefahr aus dem Hintergrund, die das solide Verhältnis von säkular-liberaler deutscher Gesellschaft und ihrem Umgang mit ,ihren' Frauen zu bedrohen scheint.

Die eingehende Betrachtung der *Stern*-Anzeige hat sich als einleitendes Motiv für diese Arbeit aus verschiedenen Gründen als sinnvoll und richtungsweisend erwiesen. An ihr lassen sich die dieser Arbeit zu Grunde liegenden Problemstellungen verdeutlichen. Deutlich wird, wie sich unter dem Schleier der Aufklärung, neo-orientalistische Ansätze in die aktuelle Darstellung des kulturellen ,Anderen' bzw. ,der Anderen' einschleichen. Vor allen Dingen aber wird die Tatsache deutlich, dass der Diskurs, der sich die sichtbare Symbolkraft des Schleiers zu Eigen macht, um auf einen unsichtbaren (,männlichen') Feind zu verweisen, sich seit Jahrhunderten erhält.

Die kurze Analyse der Anzeige des *Sterns* soll das Wiederaufleben derjenigen Einstellungen gegenüber „dem Orient"[16] verdeutlichen, die Edward Said in seinem für die *postcolonial studies* maßgeblichen Hauptwerk *Orientalismus* AutorInnen, KünstlerInnen und WissenschaftlerInnen nachgewiesen hat. Unter dem Schleier zivilisationsmissionarischer Argumente (wie denen der ,Frauenfrage') schlägt sich eine Wiederbelebung des Orientdiskurses des Westens in der Verteidigung der aktuellen militärischen Interventionen im Irak und in Afghanistan nieder.

2.2 Imaginärer ,Orient' – Zwischen Feminisierung und Despotentum

„Der Orient wird als weiblich imaginiert."
(Polaschegg 2005: 26)

Die europäischen Vorstellungen und Darstellungen von Verschleierung wurzeln im 19. Jahrhundert und seinem Diskurs von Frauen und dem ,Orient'. Deshalb erscheint es als sinnvoll und notwendig, einen kurzen historischen Abriss über den Orientdiskurs und die postkolo-

16 Da der ,Orient' geographisch und kulturell nicht definierbar ist, wird er im Folgenden in einfache Anführungszeichen gesetzt.

niale Kritik desselben der Analyse zeitgenössischer Verhandlung von Schleier und Körper in den visuellen Künsten vorauszustellen.

Indem sie eine strukturelle Analogie zwischen ,Orient' und ,Weiblichkeit' aufzeigt, reiht sich Andrea Polaschegg in die allgemeine Auffassung postkolonialer und Orientalismuskritik spätestens seit Edward Said[17] ein. Die zentralen Punkte der Orientalismusdebatte ranken sich um den Topos vom Orient als westlicher Imagination und der Positionierung des ,Orients' als des/der ,Anderen', als das Gegenbild Europas schlechthin (Polaschegg 2005: 25).

Die strukturelle Analogie zwischen Geschlechter-Differenz und kultureller Differenz ermögliche es, so Polaschegg, Verfahrensweisen der Identitätsbildung (Differenz) und die Verfahrensweisen des Verstehens (Distanz) voneinander zu trennen und damit die Termini „Fremdheit" und „Andersheit"[18] voneinander systematisch zu unterscheiden.

Diese begriffliche Unterscheidung scheint für eine Arbeit, die sich einer kritischen Befragung von Diskursen über ,das *andere* Geschlecht', ,die schöne *Fremde*', ,den muslimischen Anderen', verschrieben hat, unerlässlich. Zudem hilft der Ansatz, strukturelle Ähnlichkeit zu erklären, wie sowohl der ,Orient' als auch ,die Frau' zu „Projektionsflächen kollektiver Imaginationen" (Polaschegg 2005: 25) werden konnten. Dahinter steckt die Idee, dass immer nur diejenige Gruppe zur Projektionsfläche werden kann, die sich in der schwächeren Machtposition befindet. Dieser Ansatz ist auch von der feministischen Theorie weitergeschrieben worden, indem auf die strukturelle Beziehung von ,weiblicher' Machtlosigkeit und dem Topos der ,Frau als Leinwand' der männlichen Projektionen hingewiesen wurde (Polaschegg 2005: 26).

---

17 Saids Hauptthesen sind die, dass der Orientalismus als Diskurs sich bereits von der Antike her schreibt, aber erst im 18. Jahrhundert seine institutionalisierte Form gefunden hat und keinesfalls den ,Orient' lediglich beschrieben, gemalt oder analysiert, sondern ihn erschaffen hat. Diese Konstruktion des ,Orients' durch Europa konnte auf Grund einer politischen und ökonomischen europäischen Überlegenheit geschehen. Die Erfindung des Orients diente weiterhin als identitätsstiftendes Moment für ein einiges Europa.

18 *Das Andere* ist dabei das vom Eigenen Differente, eine Differenz, die zur Identitätsbildung nicht aufgelöst werden kann. *Das Fremde* hingegen ist dem Begriff *des Vertrauten* diametral gegenübergestellt und ist im Prozess des Verstehens beinhaltet. Zu dem Fremden besteht eine zunächst notwendige Distanz, die sich aber im Prozess des Verstehens durchaus in etwas Vertrautes auflösen kann (vgl. Polaschegg 2005).

Die breite Forschungslandschaft hat diese strukturellen Analogien in der Darstellung ‚des' kulturellen Anderen und ‚der' Frau aufgedeckt und immer wieder darauf aufmerksam gemacht, dass die Eigenschaften, die für gewöhnlich zur Beschreibung von Frauen benutzt wurden, wie Emotionalität, körperliche Schwäche, intellektuelle Unterlegenheit etc., auf die Beschreibung anderer Kulturen übertragen worden sind (Berman 1996: 82).

Karl-Heinz Kohls Hinweis auf die ursprünglich sinnliche Bedeutung des Begriffs *Entdecken*[19] unterstützt die Annahme einer strukturellen Analogie zwischen dem kolonisierten ‚Anderen' und *dem anderen Geschlecht*. Auf das *Entdecken* folgten in der Rhetorik europäischer Kolonialisierungsunternehmen die Begriffe des *Eroberns* und der *Unterwerfung*. Sowohl die hier betonte und auf den Körper bezogene Etymologie des Begriffsfeldes *Entdecken* als auch die im sprachlichen Gebrauch hergestellte Nähe des Begriffes zu dem der *Unterwerfung* decken eine unzweideutige Rollenverteilung innerhalb des europäischen Kolonialdiskurses auf: Während Europa sich die Rolle des männlichen Eroberers zuspricht, werden die außereuopäischen Länder und ihre Bewohner mit der zu erobernden Frau gleichgesetzt (Kohl 1989).

Dabei ist festzuhalten, dass die Vorstellung vom ‚Orient' im ‚westlichen' Diskurs keinesfalls eine über die Jahrhunderte hinweg stabile war. Es scheint viel mehr, wie es bspw. Karl-Heinz Kohl, Nina Berman oder Ziaudin Sardar betonen (Kohl 1989; Berman 1996, Sardar 2002), eine Analogie zwischen der europäischen Vorstellung vom ‚Orient' und den politischen Machtverhältnissen zwischen Ost und West gegeben zu haben.

Auf das Orientbild Deutschlands bzw. des deutschsprachigen Raumes blickend, stellt Nina Berman für die Zeit vom 17. bis ins 20. Jahrhundert einen Bezug zwischen innenpolitischen Gegebenheiten und der Art und Weise der Darstellung des ‚Orients' her. Diesen Zusammenhang sieht Berman für das 17. Jahrhundert bspw. in der anhaltenden Furcht vor dem expandierenden Osmanischen Reich, in den Erfahrungen der Belagerung Wiens und den literarischen Darstellungen musli-

---

19 Die körperbezogene Begriffsbestimmung des Grimmschen Wörterbuches für den Begriff *Entdecken* lautet: *„den leib oder leibestheile entblöszen, aufdekken"*, vgl. Deutsches Wörterbuch von Jacob und Wilhelm Grimm. Band 3. Nachdr. Dtv 1991, München.

mischer Herrscher als grausam, sexbesessen und irrational gegeben[20] (Berman 1996: 26f.).

Diese These unterstüzt Kohls Schlussfolgerung[21], dass der islamische ‚Orient' sich dem 17. und 18. Jahrhundert

> *„nicht in einer entblößten weiblichen Gestalt, die ihre Eroberung geradezu herausfordert, sondern in der Figur des orientalischen Despoten, der mit unbeschränkter Gewalt über seinen Harem ebenso wie über seine Untertanen herrscht," präsentierte.* (Kohl 1989: 359)

Diese Vorstellung begann sich aber sowohl im deutschsprachigen wie auch im gesamten europäischen orientalistischen Diskurs[22] mit der Einbüßung der kriegerischen Expansionskraft des Islam und der militärischen Invasion Frankreichs und Englands in Osmanische Gebiete zu wandeln (Berman 1996: 28f.; Kohl 1989: 359f.). So lässt ein neues europäisches Selbstbewusstsein gegenüber dem Osmanischen Reich bspw. ein steigendes Interesse an türkischen Waren vor allem in Preußen und Österreich ab der Mitte des 18. Jahrhunderts entstehen. Der Umbruch in den Machtverhältnissen bringt ebenso eine neue Schwerpunktsetzung in der Darstellung des Orients mit sich: er verliert seine bedrohlichen Züge. Sowohl in der Dichtung als auch in der Malerei verlieren sich die Imaginationen des Orients in Traumwelten von Rausch und sinnlichen Ausschweifungen[23]. Dieser „Exotismus der

20 Berman bezieht sich in ihren Quellen dabei auf zwei Tragödien von Daniel Caspar von Lohenstein, auf die *Türkendrucke* (Flugblätter, die von der Front berichten) und *Türkenlieder*.

21 Auch Kohl setzt das Vordringen der Osmanen im 17. Jahrhundert in die Kerngebiete des christlichen Abendlandes und die wachsende Einsicht westlicher Gelehrter um die kriegerische Ebenbürtigkeit des islamischen ‚Orient' mit dem christlichen Okzident als einen methodisch fruchtbaren Ansatz ein, sich den Orientbildern des 17. und 18. Jahrhunderts im europäischen Raum zu nähern. So führt er als Quelle unter anderem Montesquieus fiktiven Reisebericht *Lettres Persannes* von 1721 an, der in einer Anklage gegen die vermeintliche Unterdrückung der Frauen im Orient mündet (Kohl 1989).

22 Ende des 18. Jahrhunderts entstand die Orientalistik als eigener wissenschaftlicher Zweig, der sich mit den Ländern des Nahen und Mittleren Ostens beschäftigte und das wissenschaftliche Rüstzeug für die Kolonisierung des ‚Orients' durch europäische Staaten gestellt hat (vgl. Czerny/Kappel/ Kuske 1994: 23).

23 So war das Bild, das sich viele Europäer im 18. Jahrhundert vom ‚Orient' machten, besonders geprägt von den Märchen aus „Tausendundeiner

Sinne"[24] eines Nerval oder Gautier, eines Delacroix oder Gérôme der Literatur- und Kunstgeschichte bot einen fruchtbaren Boden für die männlichen Phantasien von der grenzenlosen Macht über den weiblichen Körper. Standardmotive der bildenden Künste des 19. Jahrhunderts wurden der Harem, das türkische Bad, der Sklavenmarkt und der Tanz. Sie bereiteten allesamt einer ausschließlich männlichen Sichtweise bzw. einem „männlichen Blick"[25], sowohl auf den Kunstgegenstand als auch auf das Verhältnis Okzident/Orient bezogen, den Weg (Kohl 1989: 362).

Der kontrollierende Blick des „Westerners", wie Linda Nochlin es in ihrer Übertragung von Saids Analyse literarischer Quellen auf die visuelle Praxis konstatiert, ist immer implizit anwesend in den Gemälden der Orientalisten, wie bspw. in denen Jean-Léon Gérômes: „ (...) his (the Westener's, LS) is necessarily the controlling gaze, the gaze which brings the Oriental world into being, the gaze for which it is ultimately intended" (Nochlin 2004: 291).

Darüber hinaus wird nicht nur die ‚orientalische Welt' durch den Blick des westlich (männlichen) Betrachters überhaupt erst geschaffen, sondern die abgebildeten Individuen dieser Welt als unhintergehbar anders und denen, die das pittoreske Produkt konsumieren und konstruieren, als kulturell unterlegen definiert: „They are irrevocably ‚Other'" (Nochlin 2004: 297).

Dieser lediglich skizzenhafte und in Teilen stark pauschalisierende Überblick über das Zusammenspiel von politischen Machtverhältnissen und europäischen ‚Orientbildern' in der europäischen Geschichte lässt eine Menge Fragen offen. So wäre unter anderem eine stärkere

---

Nacht", die von Antoine Galland ins Französische übersetzt worden sind (1704-1717). Die sehr bildhaften Geschichten unterstrichen die Imaginationen eines sinnlichen, abenteuerlichen und farbenprächtigen ‚Orient.' Der märchenhafte ‚Orient' wurde somit zur Projektionsfläche unter anderem auch für die Auslebung erotischer Abenteuer (vgl. Czerny/Kappel/Kuske 1994: 26).

24 „Treffend hat Friedrich Brie den sich im 19. Jahrhundert herausbildenden Orientalismus als eine Spielart des ‚Exotismus der Sinne' bezeichnet" (Kohl 1989: 360).

25 Da Männern generell der Eintritt in den Harem oder die Bäder verwehrt war, waren die orientalistischen Künstler auf die Berichte von reisenden Frauen, denen Einlass in den Harem gewährt wurde, angewiesen. Prominentestes Beispiel für solch einen Bericht sind die Briefe der Lady Mary Wortley Montagu.

Differenzierung der jeweiligen ,Orientbilder' und ein Fragen nach der Besonderheit des jeweiligen Modus und Kontextes, in dem sie in Erscheinung getreten sind, vonnöten, um sich eines solchen historischen Vergleichs angemessen nähern zu können. Ebenso bräuchte es einen gesonderten Blick auf die spezifischen nationalstaatlichen Kolonialinteressen[26], die sich naturgemäß auch in einem innerhalb Europas differenziertem ,Orientbild' niederschlagen, wie es die Lektüre Bermans, Kohls und Sardars Positionen deutlich gemacht haben sollten. Auch eine Betonung des primär ökonomischen Interesses der Kolonialmächte an den kolonisierten Ländern, der anhaltenden Ausbeutung der Rohstofflager und des kausalen Zusammenhangs vom Aufstieg des kapitalistischen Weltsystems und der Kolonisation wären denkbar.[27] Nichtsdestotrotz soll dieser kurze historische Überblick dazu dienen, zwei Aspekte, die für die Fragestellung dieser Arbeit ausschlaggebend sind, hervorzuheben:

Erstens, dass (wie es spätestens seit Saids Abhandlung *Orientalism* allgemeiner Stand der Forschung ist) der ,Orient' eine Konstruktion des ,Westens' ist bzw. als Diskurs gedacht werden muss und dass darüber hinaus selbst die Darstellungen dieser Konstruktion ,Orient' sich je nach den Interessen und Machtverhältnissen im jeweiligen Orient-Diskurs gerichtet und gewandelt haben, also eine Vielzahl von ,Orientbildern' in den europäischen (Post)Kolonialdiskursen zirkulierten und zirkulieren.

Und zweitens, dass - abgesehen von der Feminisierung des ,Orient' - ,die' Frau noch eine ganz andere Rolle in der Auseinandersetzung von West und Ost gespielt hat: Die patriarchalen außereuropäischen Gesellschaft sind an ihrem Umgang mit ,ihren' Frauen gemessen worden, so die allgemeine These. Gemeint ist die Darstellung der ,orientalischen' Frau als „a visible sign of an invisible *male* enemy" (Mahmood 2005, kursiver Einschub, LS).

---

26 So reichte der britische ,Orient' bspw. im 19. Jahrhundert bis nach China (Czerny/Kappel/Kuske 1994: 22).

27 „Die Kolonien waren nämlich nie Selbstzweck, sondern stets Mittel zur Bereicherung des Mutterlandes. Zum Aufstieg des kapitalistischen Weltsystems gehörte die Kolonisation, und zur Kolonisation gehörte die Sklaverei." (Weibel 1997: 14) S. a. Weibel 1997 zur Diskussion der Theorie von Immanuel Wallerstein zum Zusammenhang von Kapitalismus, Ethnifizierung und Universalismus (Weibel ebd.).

Die Dichotomie von ,Orient' und ,Okzident' hat sich bis heute gehalten und schreibt dabei dem ,Osten' *die* Position der Andersartigkeit gegenüber dem ,Westen' schlechthin zu. Diese Andersartigkeit wird vor allem am Islam festgemacht, der zu einem allesumfassenden Prinzip in dieser Stigmatisierung erklärt wird. Wenn demnach in den folgenden Ausführungen zur Darstellung ,der' Frau die Kategorie ,orientalisch' gegen ,muslimisch' eingetauscht wird, dann konzentriert sich die Arbeit damit einerseits auf die Differenzkategorie Religion, die die Konstruktion ,Orient' auch immer in sich birgt, und thematisiert gleichzeitig die dieser Sichtweise zugrunde liegende problematische Verschmelzung von ,Orient' und Islam. Ziaudin Sardars unterstützt diese These, wenn er feststellt, dass sich der Ursprung des Orientalismus auf die Begegnung „zwischen dem Christentum mit seinem nächsten Nachbarn, dem Islam" zurückführen lasse. Der ,Westen' habe, so Sardar, überhaupt erst durch die Berührung mit dem Islam zum ersten Mal die Vorstellung von einem „unfasslichen, exotischen und erotischen Ort" entwickeln können (Sardar 2002: 14f.).[28]

2.3 ,Westlicher' Feminismus und der Kolonialismus – eine Komplizenschaft ,von Gewicht'

Die so genannte ,Frauenfrage' dient und diente immer wieder als Terrain für politische und kulturelle Auseinandersetzungen der westlichen Welt mit ,dem' Islam. So legte der europäische Kolonial-Diskurs das Fundament für die vermeintliche Unterlegenheit der nicht-westlichen Gesellschaften vor allem in den patriarchalen Praxen und Bräuchen der kolonisierten Gesellschaften, von denen ,die Frau des Anderen' wiederum befreit werden sollte (Mahmood 2005).

Auch Leila Ahmed zeichnet in *Women and Gender in Islam* aus historischer Perspektive nach, in welchem Maße der Umgang islamischer Gesellschaften mit ,ihren' Frauen die westlichen Erzählungen zur Konstruktion der ,Andersheit' und Unterlegenheit des Islams geformt hat (Ahmed 1992:150).

---

28 Siehe in diesem Zusammenhang auch Saids kritische Definition von Orientalismus in der Literatur, „as a mode for defining the presumed cultural inferiority of the *Islamic* Orient [...] part of the vast control mechanism of colonialism, designed to justify and perpetuate European dominance" (zit. nach Nochlin 2004: 289, kursiv LS).

Sie geht dabei in ihrer Analyse von dem „Victorian male establishment“ aus. Ahmed betont, dass dieses nicht nur die ersten Ansätze feministischer Ideen in der eigenen Gesellschaft im Keim erstickt habe, sondern darüber hinaus das sprachliche Instrumentarium des ‚heimischen' Feminismus für das kolonialistische Projekt zu nutzen und gegen den ‚anderen Mann' und ‚die Kultur des anderen Mannes' zu richten wusste (Ahmed 1992: 155f.).

Mit Blick auf die Differenzkategorie *class* sollte in diesem Kontext jedoch betont werden, dass es jene Rolle der *bürgerlichen* Frau war, die ihr in der europäischen Geschlechterordnung des 19. Jahrhunderts zugeschrieben wurde, die als erwünschte Norm und Gradmesser für die jeweiligen außereuropäischen Kulturen gesetzt wurden, auch wenn meistens von ‚der' Frau im Allgemeinen gesprochen und geschrieben wird (Vgl. Heinze 2000: 65).

Die Instrumentalisierung oder Komplizenschaft eines westlichen feministischen Diskurses von/mit Kolonialinteressen hat über die Stigmatisierung des ‚männlich kulturellen Anderen' hinaus auch weit reichende Folgen für die Akzeptanz und das Gelingen feministischer Projekte in den jeweiligen muslimisch geprägten Gesellschaften gehabt. Fadwa El Guindi bringt dies für die Situation im kolonisierten Ägypten folgendermaßen auf den Punkt:

> *„The discourse of colonialism incorporated a language of feminism and used the issue of women's position in Islamic societies as the focus of attack on those societies. Men serving the colonial administration, such as Cromer in Egypt, who ironically opposed feminism in his own country, England, espoused in the colonial context a rhetoric of feminism that attacked Egyptian men for upholding practices that degraded their women. The kind of feminism emerging out of this colonial context becomes an alternative form of dominance that gives its men and women a sense of superiority. By adopting it, Egyptian men accepted and Egyptian women reproduced their own subordination within their culture as well as their country's subordination to European dominance“.* (El Guindi 1999: 180f.)

Die Konsequenz, die der ‚exportierte' Feminismus, der zu einem Garant der Dominanz des weißen Mannes in den kolonisierten Regionen wurde, für die kolonialisierten Gesellschaften mit sich brachte, hat bis in die jüngste Zeit Spuren in den feministischen Projekten der postkolonialen Gesellschaften hinterlassen. Dass neben der Anthropologie, wie Ahmed betont, auch westlich feministische Projekte als Handlanger des Kolonialismus fungiert haben, ist eine wichtige Erkenntnis, um die Kritik an einem *global sisterhood,* die in den 1990er Jahren von vielen postkolonialen feministischen Theoretikerinnen erhoben worden ist, verstehen zu können. Diese Erkenntnis ist für den Rahmen dieser Arbeit besonders wichtig, um einer oberflächlichen Lesart der muslimischen Verschleierung als Instrument der Unterdrückung entgegenzusteuern. Die Herausforderung, die die muslimische Verschleierung in der europäischen Öffentlichkeit von heute für ‚westliche' feministische Diskurse darzustellen scheint, hat demnach ihre Wurzeln in der Kolonialgeschichte der jeweiligen muslimisch geprägten Länder:

> *„Further, colonialism's use of feminism to promote the culture of the colonizers and undermine native culture has ever since imparted on feminism in non-Western societies the taint of having served as an instrument of colonial domination, rendering it suspect in Arab eyes and vulnerable to the charge of being an ally of colonial interests. The taint has undoubtedly hindered the feminist struggle within Muslim societies."* (Ahmed 2003: 55)

Die Sprache des Feminismus unterlag ‚dank' des Kolonialismus seitdem in den (post)kolonialen Gesellschaften dem Generalverdacht, ein Produkt des Westens zu sein und allein aus eben diesem Grund bekämpft werden zu müssen. So bildeten sich in Ägypten bspw. zwei Richtungen in den feministischen Bewegungen als Konsequenz heraus, wie El Guindi deutlich macht:

> *„The two leading women espoused two feminist views: one more authentically Egyptian, the other Western-influenced. This differentiation is important because research increasingly shows that feminism is rooted in culture."* (El Guindi 1999: 597)

Die Aussage, dass ‚Feminismus' seine Wurzeln in der jeweiligen Kultur hat, in der er sich niederschlägt, stellt sich gegen die Forderung eines universellen feministischen Diskurses und nimmt jeglicher Annahme eines *global sisterhood* den Boden. Für El Guindi heißt dies als Konsequenz:

> *„Approaching Muslim women's rights through liberal feminist agendas cannot be effective because these agendas are based on the*

Western experience and derive from Western values; hence they are irrelevant to most issues of concern to Muslim women." (El Guindi 1999: 181)

Ein kleiner Exkurs zu einer deutschen Feministin der ersten Stunde, Hedwig Dohm, enttarnt den Zusammenhang von ,Frauenfrage' und machtpolitischen Interessen als eine Verbindung, die nicht nur zur Stigmatisierung ,des' kolonialisierten Anderen genutzt worden ist. So erwähnt Dohm lediglich in einem Nebensatz ihrer Abhandlung *Die wissenschaftliche Emanzipation der Frau* von 1874, einen Artikel, den sie in einer englischen Zeitung gelesen hat. Der Verfasser des Artikels attestiert den deutschen Frauen die „ungünstigste Stellung" „aller civilisierten (!) Nationen", was Dohm zur Untermauerung ihres feministischen Projekts dienlich ist, im Zusammenhang dieser Arbeit aber noch wesentlich mehr verrät (Dohm 1982: 6).

So heißt es in dem Artikel, den Dohm anführt:

> *„Germany in spite of its military successes, and the splendour of its triumphs in the realms of science, stands lower in the scale of civilization than any other European country, exept Turkey; for in no other country does woman occupy so ignoble and servile a position."* (Dohm 1982: 7)

In Zeiten machtpolitischer Veränderungen in Europa durch einen sich konstituierenden deutschen Nationalstaat führt der Artikel der englischen Zeitung die ,Frauenfrage' als Bewertungskriterium des kontinentalen ,Anderen' an. Ebenso wie in der Stigmatisierung der Kolonialisierten im zuvor betrachteten europäischen Kolonialdiskurs wird der Umgang mit ,den' Frauen zum Maßstab für Zivilisation auch unter den Kolonialmächten selber. So spricht der Verfasser des Artikels zwar ,dem deutschen Anderen' den zivilen Status nicht gänzlich ab, platziert ihn aber an unterster Stelle eines zivilisierten Europas. Gleichzeitig zeigt diese Inbesitznahme des feministischen Diskurses für nationale Belange, dass dies eben nicht auf dem Selbstverständnis eines ,westlichen' Interesses in Opposition zum kolonialisierten Osten beruhe, sondern auf eindeutig partikularen nationalen Interessen, die wiederum untereinander durch die so genannte ,Frauenfrage' eine Hierarchie herstellen konnten.

Hedwig Dohms Beobachtung der Instrumentalisierung feministischer Fragen für inner-europäische Machtinteressen und Leila Ahmeds und Fadwa El Guindis Beobachtungen zur Komplizenschaft eines ,westlichen' Feminismus mit den Belangen des Kolonialismus haben gemeinsam, dass sie die Annahme eines universellen Subjekts ,Frau' unmöglich werden lassen. Die Untersuchung einer zeitgenössischen künstlerischen Verhandlung des Zusammenspiels von ,weiblichem' Körper und muslimischer Verschleierung wird ein genaues Hinschauen erfordern, welche Rolle eben diese Fragen für eine Neuverhandlung von Schleier und Weiblichkeit von religiöser und geschlechtlicher Differenz spielen.

Auf diese Frage und auf die Fragen nach einem *islamic feminism* soll im Kapitel IV dieser Arbeit noch näher eingegangen werden.

Der erste Teil dieser Arbeit hat verdeutlicht, dass die Orientalisten des 19. Jahrhhunderts zunächst den Schleier als Objekt der Investigation positioniert haben und annahmen, dass sich dort hinter dem Schleier etwas befinden, was es aufzudecken gilt. Diese Vorannahme aber, so Meyda Yegenoglu, werde sowohl abgetan als auch akzeptiert durch die Feststellung, dass „das Wesen des Orients" immer schon in seiner Verschleierung bestehe. Während die politischen Interventionen des Kolonialismus die Entschleierung der Frauen vorsah, „as an implementation of the European principle of government based on an ideal of transparency and visibility," (Yegenoglu 2003: 554), schreibt sich der Schleier in die Europäischen Texte als Zeuge der Konstituierung von Subjektivität ein: „as an imaginary unity and command of experience in the encounter with the other" (Yegenoglu 2003: 554).

In der Stabilisierung seiner europäischen Identität als Einheit bedarf Europa der Konstruktion eines Außen, einer absoluten und essentiellen Differenz, wie es bspw. im orientalistischen Diskurs sich niederschlägt: „They (the veiled women, LS) *should* remain different, because I should remain the *same*" (Yegenoglu 2003: 555). Das „Selbst des Westens", so Yegenoglu, wird konstituiert (oder konstituiert sich) im Prozess von Ausgrenzung und Unterscheidung und tritt als unabhängige Identität in Erscheinung, indem es seine Abhängigkeit von seinem ausgeschlossenen und marginalisierten ,Anderen'[29] verschleiert.

29 An dieser Stelle lässt sich die terminologische Unterscheidung von ,Fremdheit' und ,Andersheit' Polascheggs fruchtbar machen: Zur Identitätsbildung bedarf es des ,Anderen', des dem Eigenen Differenten. Worauf Yegenog-

Die Komplizenschaft des als weiblich markierten Körpers und muslimischer Verschleierungspraktiken soll in einem nächsten Schritt anhand eines ausgewählten Bildes der selbst erklärten ,visuellen Terroristin' und Grafitti-Künstlerin *Princess Hijab* verdeutlicht werden. Diese Analyse will gleichzeitig eine Brücke zu einer näheren Bestimmung des Bild-Begriffs und des Körper-Bild-Begriffs schlagen.

---

lu anspielt, ist die Funktion der Unterscheidung, die der Schleier hier einnimmt. Der Schleier in seiner Grenzfunktion garantiert die Differenz zwischen ,Ost' und ,West', die es dem ,Westen' ermöglicht, seine Identität zu stabilisieren.

3 „I'm a visual terrorist" - *Princess Hijab* und der Akt des *Hijabizing*

„If representational visibility equals power, then almost-naked young white women should be running Western culture."
(Phelan 2003: 109)

In *Algeria Unveiled,* einer Analyse der (post)kolonisierten algerischen Gesellschaft, formuliert Frantz Fanon Beobachtungen zu dem Verhältnis von Schleier und weiblichem Körper:

> *„With the veil, things become well-defined and ordered. The Algerian woman, in the eyes of the observer, is unmistakably 'she who hides behind the veil'."*[30] (Fanon 1959: 163)

Seine Ausführungen über die verschiedenen Inanspruchnahmen des Schleiers im Zuge des algerischen anti-kolonialen Widerstandes können auch als Beispiel der Handlungsmöglichkeit kolonisierter Subjekte gelesen werden.[31] Es wird eine Überschneidung von ethnischer und

30 Zitiert nach: http://home.comcast.net/.../fanonfrantz_algeriaunveiled 1959.pdf, aufgerufen am 28.08.2010.

31 Fanons Argumentation stützt sich auf seine Beobachtung, dass die Art und Weise wie sich die Menschen kleiden *das* Charakteristikum einer Gesellschaft bilden, jenes Moment, das als erstes wahrnehmbar ist. Von dort ausgehend beschreibt Fanon die Taktik der Kolonialmacht Frankreichs in Algerien in den 1930er Jahren, zunächst die Frauen zu gewinnen (d.h. sie zu ‚entschleiern'), sie für die Werte und Bräuche der Kolonialmacht zu gewinnen und dadurch sich sowohl die algerischen Männer unterlegen zu machen als auch die algerische Kultur auszulöschen. Die große Aufmerksamkeit, die die französische Kolonialmacht dem Schleier als Schlüssel zur Kultur des kolonisierten Algeriens entgegenbrachte, setzte sich in den Befreiungskämpfen der AlgerierInnen fort: „Removed and reassumed again and again, the veil has been manipulated, transformed into a technique of camouflage, into a means of struggle" (Fanon 1959: 183). Fanon beschreibt, wie die Verbannung des Schleiers zunächst in den Zeiten der Befreiungskämpfe von den algerischen Frauen angenommen wurde, wie sie Teil des anti-kolonialen Widerstandes wurden und wie ab 1957 der Schleier seine Renaissance bei den Widerstandskämpferinnen fand, um Bomben, Granaten etc. zu schmuggeln: „There is thus a historic dynamism of the veil that is very concretely perceptible in the development of colonization in Algeria. In the beginning, the veil was mechanism of resistance, but its value for the social group remaind very strong. The veil was worn because tradition demanded a rigid seperation of sexes, but also because the occupier *was bent on unveiling Algeria.* In a second phase, the mutation occured in connection

geschlechtlicher Differenz anhand der Zurschaustellung oder Verbergung ‚der' Frau in der (post)kolonialen Gesellschaft Algeriens deutlich, die als theoretische Grundlage für die Diskussion des Verhältnisses von religiöser und geschlechtlicher Differenz dieser Arbeit sehr brauchbar scheint. Die Mobilisierung von Frauen für die algerischen Freiheitskämpfe unterlag einem essentialistischen Weiblichkeitsverständnis, da sie die westliche Wahrnehmung der Anatomie und des Status algerischer Frauen ausgenutzt hat, um Waffen zu schmuggeln. Als eine effektive Strategie für eine nationale und politische Agenda gegen die französische Besatzungsmacht konnte sie keiner sozialen Ermächtigung der Algerischen Frauen den Boden bereiten (vgl. Morton 2007, bes. 127 f.).

Unabhängig von dem Bezug zu der tatsächlichen Handlungsfähigkeit der algerischen Frauen im Befreiungskrieg soll Fanons Anmerkung über die ordnende Funktion des Schleiers in einem nächsten Schritt für die Betrachtung einer Arbeit der Streetart-Künstlerin *Princess Hijab* genutzt werden.

with the Revolution and under special circumstances. The veil was abandonded in the course of revolutionary action (...) The veil helped the Algerian woman to meet the new problems created by the struggle" (Fanon 1959: 185). Nimmt *man* Fanons Beobachtungen über das kolonisierte Algerien als Beispiel für die komplexe Symbolkraft des Schleiers, wird für den Rahmen dieser Arbeit deutlich, wie blind es wäre, Verschleierung im Allgemeinen als reine Praxis der Unterdrückung bzw. Unterwerfung verstehen zu wollen. Dazu vgl. auch Yegenoglu 2003.

3.1 Der *Hijab* und die soziale Ordnung

Abb. 2: Graffiti-Art von *Princess Hijab* in einer Metro-Station in Paris.

Zweimal fünf Augenpaare - durch schmale Schlitze schwarzer Graffiti-Schleier starrend. Durch die Glasscheibe eines Werbeschaukastens den Blick selbstbewusst geradeaus gerichtet, irgendwo im Nirgendwo des Pariser *Metro*-Untergrunds. Zehn Augenpaare - den Blick der Betrachterin erwidernd. Zehn aufrecht stehende, den Bildvordergrund mit ihrer Pose vollkommen ausfüllende, halb verschleierte, halb nackte Körper.

Zwei Gruppenbilder mit Schleier, denen Anzahl, Inszenierung und Verschleierung der abgebildeten Personen im Bildaufbau gemeinsam ist. Deren Schriftzug eines großen Modelabels am unteren Rand und ihre Lokalisierung innerhalb des Glaskastens für Werbeanzeigen ihre vormalige Funktion aufdecken.

Zehn schwarze Graffiti-Schleier, die sehr wahrscheinlich nicht Teil der Werbestrategie *Dolce&Gabbanas* gewesen sind. Deren ungewöhnliche Länge, den Blick der Betrachtenden auf die unverschleierten Teile der abgebildeten Körper richtet. Von wo aus der Blick der Betrachterin zurück zu der ungewöhnlichen Praxis der Verschleierung gelenkt wird: Wer trägt dort Schleier? Und was verrät der/die Träger(in) über die Funktion seines/ihres Schleiers?

Eine Betrachterin, die auf ihrem Weg durch die Gewölbe der Metro-Stationen an diesem Werk in alltäglicher Routine vorbeiläuft und lediglich einen flüchtigen Blick auf die allzu bekannten Werbeschaukästen wirft, wird wahrscheinlich eine Gruppe verschleierter Muslima zu sehen glauben. Die Ordnung, die Fanon in seinem oben angeführten Zitat dem Schleier als Funktion zuspricht, bezöge sich in diesem Fall auf die Geschlechterordnung, auf die selbstverständliche Annahme, *sie* hinter den gesprayten *Hijabs*[32] zu erwarten. Würde es die ein oder andere Metro-Kundin wagen, einen zweiten Blick auf die ungewöhnliche Untergrund-Werbetafel zu werfen, würde sie sich mit Fanon vielleicht die Frage stellen: Ist es wirklich unmissverständlich *sie* hinter dem Schleier?

Das Bild ist ursprünglich als Unterwäschen-Werbung von *Dolce&Gabbana* in die Metro-Katakomben von Paris gelangt und zeigt in seiner Erstversion die italienische Nationalschwimmmannschaft vor historisch-römischer Schwimmhallenkulisse. Die wohl trainierten Körper der Profisportler sind in der hier betrachteten Version der Werbetafel bereits dem Akt des *Hijabizing* zum Opfer gefallen. *Hijabizing* – so nennt *Princess Hijab* ihre Kunst. Sie ist eine Graffiti-Künstlerin aus Paris, deren Identität (ganz der Tradition der Streetart verpflichtet) weitestgehend ungeklärt ist und auch ihre Geschlechtszugehörigkeit die

---

32 *Hijab* ist nicht der Begriff, der im Arabischen dem englischen *veil* oder dem deutschen *Schleier* zuzuordnen wäre. Wie El Guindi betont, gibt es im Arabischen kein Wort, das die zahlreichen Arten von Kopf- und Körperbedekkungen unter einen Begriff bringen könnte. Die unterschiedlichen Bezeichnungen verweisen auf die jeweils spezifischen regionalen und religiösen Bedeutungen der Verschleierung: *abaya* (Saudi-Arabien), *chador* (Iran), *gallibiyyah* (Ägypten), *burnus* und *haik* (Algerien), *jilbab* (Indonesien); *burka, nikab und qina* sind die Bezeichnungen für die Verschleierung mit Gesichtsmasken, die hauptsächlich von Beduinen und Frauen anderer Wüstenstämme getragen werden (El Guindi 1999: 7). *Hijab* meint im Arabischen zunächst einfach Barriere oder wörtlich „Vorhang" (Grace 2004: 16). Fatima Mernissi erklärt, dass der *Hijab* demnach ein Symbol des nach außen getragenen Glaubens einer Frau sein kann, als eine Markierung ihrer Frömmigkeit und in seiner weiteren Bedeutung die Abgrenzung des Säkularen vom Heiligen ist (Grace 2004: 16).

Internet-Blogs und Foren zu zahlreichen Spekulationen veranlasst.[33] Selbst nicht in Erscheinung tretend, lässt sie mit ihren Graffitis die schwarzen *Hijabs* Einzug in den öffentlichen Raum der Pariser Metro-Stationen erhalten.

Der *Hijab* macht eine symbolische Ordnung sichtbar, trennt eine religiöse Sphäre von einer nicht-religiösen, Gläubige von Nicht-Gläubigen und Männer von Frauen. Vor dem Hintergrund der eingangs behandelten Frage nach der Überlagerung verschiedener Differenzkategorien mit bezug zu der Figur der Sichtbarkeit müsste *man* die symbolische Ordnung, der der *Hijab* als Symbol angehört, näher bestimmen. Spricht *man* von einer theologischen Ordnung, könnte *man* behaupten, dass verschleierte muslimische Frauen nicht nur (sichtbar) die kollektive Identität des Islam repräsentieren, sondern dafür mit ihrer Geschlechtsidentität „bezahlen" müssen, die durch das gemeinschaftsstiftende Symbol Schleier unsichtbar gemacht werden soll (gemeint ist die Zurücknahme des Körpers durch die Verschleierung). In einer theologischen Ordnung scheint somit der *Hijab* durch den Fokus auf seine identitätsstiftende und definierende bzw. visualisierende Funktion eines allumfassenden Islam die Geschlechterdifferenz in den Hintergrund zu rücken. Anne-Emanuelle Berger macht dies in ihrem Aufsatz *The Newly Veiled Women* (Berger 1998) besonders deutlich, indem sie die Bedeutung des *Hijab* auf seine Funktion als Grenzziehung, wie sie Berger aus dem Koran herauszulesen meint, verlagert. Sie zeigt auf, dass im Koran die Bedeutung des Begriffs *Hijab* zunächst als Schleier oder Vorhang auftaucht, der die religiösen Räumlichkeiten des Propheten von den anderen Räumen abtrennt.

In diesem Sinne trennt nach Berger der *Hijab* nicht lediglich Männer von Frauen, sondern in allererster Linie die Privatssphäre des Propheten von neugierigen Blicken der Öffentlichkeit. Der *Hijab* bekommt für Berger die Bedeutung einer Grenze: „The border that defines and protects Islam" (Berger 1998: 104). Als Trägerinnen des Schleiers werden somit in einem nächsten Schritt die Frauen diejenigen die diese Grenze definieren:

---

33 Vgl. u.a.: http://www.princesshijab.org/; http://www.rfi.fr/actude/articles/114/article_1497.asp (aufgerufen am 05.09.2010); http://www.rebelart.net/diary/watchlist-princess-hijab/002021/ (aufgerufen am 05.09.2010); http://www.presseurop.eu/de/content/article/387951-das-raetsel-um-princess-hijab (aufgerufen am 05.09.2010)

„ *(....) for women are now the ones to delineate the religious space as they wear the hijab. When the hijab identifies Muslims with each other, it also underlines women's irreducible specificity and responsability for achieving the community's identity.*" (Berger 1998: 104)

Die ordnende Funktion des *Hijab* kann auch in Bergers Verständnis nicht die Thematisierung der Geschlechterdifferenz gänzlich ausblenden, da der *Hijab* auch immer für die spezifische Verantwortlichkeit der Frauen steht, den Islam als kollektive Religion zu visualisieren. Berger liest die Symbolkraft des *Hijab* jedoch mit einer starken Fokussierung auf seine visuelle Grenzfunktion zwischen religiöser und nicht-religiöse Sphäre in der theologischen Ordnung. Durch den *Hijab*, so Berger, trete die „Individualität" der verschleierten Frau zurück hinter die public persona als Muslima, die sie verkörpere (Berger 1998: 109).

Die halbverschleierten Körper der italienischen Nationalschwimmmannschaft werden dieser Grenzfunktion nicht gerecht. Die Aufmerksamkeit der Betrachterin wird auf die Geschlechterdifferenz gelenkt, die sich unter dem Graffiti-Schleier bemerkbar macht. Und das, was sich dort bemerkbar macht, ist nicht das, was der religiösen Grenzfunktion des *Hijab* dienlich wäre. Wenn die religiöse Symbolkraft dem Graffiti-Schleier deshalb entzogen ist, weil die ‚männlichen' Körper der *Dolce&Gabbana* Werbung nicht als die bereits erwähnte Grenze fungieren können „which protects and defines Islam" (Berger 1998: 104), dann stellt sich die Frage, ob die Geschlechterdifferenz durch den Akt des *Hijabizing* ebenso problematisiert bzw. irritiert wird, wie es Butler mit dem Konzept der *Des*identifizierung erwägt hat. Die Desidentifizierung mit den regulierenden Normen, die die sexuelle Differenz hervorbringen und materialisieren, stellt für Butler die Möglichkeit dar, eine Neuverhandlung darüber zu begünstigen, welche Körper „von Gewicht" sind und welche nicht (Butler 1997: 24 f.).

Von der Kunstfigur *Princess Hijab* existieren nur wenige Interviews. In einer der wenigen Reportagen, die über sie gedreht wurden, ist bezeichnenderweise mehr von den Sicherheitskameras der Metrostationen zu sehen, vor denen sie sich verbirgt, als von ihr selbst. Die Kameras in den U-Bahnhöfen, so die Künstlerin im Interview, sind auf die Glaskästen gerichtet, in denen die Werbeplakate hängen, so als würden sie die Bilder beschützen.[34] Diese Bilder (so wie auch das der ehemaligen *Dolce&Gabbana* Werbung) seien es, so *Princess Hijab*, die sie am meisten interessierten: Die Bilder dieser zu Werbezwecken abgelichteten Körper „somehow (...) are even more protected than the human beings."[35]

Die Faszination (oder Verstörung) der Künstlerin darüber, dass Bilder (Bilder von Körpern) stärker überwacht werden als die Menschen, die sie jeden Tag passieren, kann als Motivation ihrer künstlerischen Intervention in den öffentlichen Raum verstanden werden. In jedem Fall stellt ihre Aussage eine nicht unerhebliche (und für den Rahmen dieser Arbeit in jedem Fall wichtige) Beziehung zwischen den Bildern von Körpern und Körperbildern her. Ausgehend von der Annahme, dass Körper auch immer schon Körper*bilder* sind, in denen die Menschen sich repräsentieren (Belting 2001), also sich ‚sichtbar machen', soll dieses Verhältnis für die folgenden Überlegungen als Grundlage dienlich sein.

Dabei wird deutlich, dass die Beziehung zwischen Kamera und Werbung keine ungefähre ist. Beide prägen den Stadtraum zutiefst, wobei die Werbung den öffentlichen Raum zu einem Werbeträger macht und die Kameras aus ihm wiederum einen überwachten Raum machen: „Die Werbung besetzt die Schauseiten des Erlebnisraums, die Überwachung leuchtet seine verdeckten Seiten aus" (Franck 2005: 141). Wenn in der Pariser Metro-Station, wie oben geschildert, die Kameras auf die Werbekörper gerichtet sind, bekommen diese damit eine potenzierte Sichtbarkeit.

Dass das Verhältnis von politischer Macht und repräsentativer Sichtbarkeit nicht nur unproblematisch ist, darauf macht unter anderem Peggy Phelan als eine Vertreterin der feministischen *Visual Culture Theory* aufmerksam, wenn sie betont, dass Sichtbarkeit auch immer eine ‚Falle' sein kann, die der Überwachung und dem Gesetz dienlich ist und Voyeurismus, Fetischismus und den kolonialen/imperialen Appetit nach Besitz schürt: „If representational visibility equals power, then almost-naked young white women should be running Western culture" (Phelan 2003: 109).

---

34 Die Reportage über *Princess Hijab* auf: http://www.metacafe.com/watch/bg-5004778/princess_hijab/ (gesehen am 23.11.2010)

35 Zitiert ebenfalls nach: http://www.metacafe.com/watch/bg-5004778/princess_hijab/

In diesem Sinne kann der Ausspruch von *Princess Hijab* über das Verhältnis von Sicherheitskameras und den Bildern, die sie ‚beschützen', auch als Kritik an einer Sphäre der Sichtbarkeit gelesen werden. In einer Öffentlichkeit wie der europäischen (in diesem Falle der Pariser U-Bahnstationen), in denen verschleierte Frauen in der Minderheit sind, wird der Schleier (egal ob an einer Passantin oder auf einem Modellkörper einer Werbetafel) optisch Aufmerksamkeit auf sich ziehen und die Sichtbarkeit der Schleierträgerinnen verstärken. Wenn der Schleier also zu einem „prosthetischen Augen" im Sinne einer Erweiterung des menschlichen Sehvermögens (Berger 1998: 109) wird, heißt das, dass *man* auf der einen Seite seinem Blick nicht entkommen kann und er aber gleichzeitig den Schleierträgerinnen ein Bild ihrer selbst zurückwirft: „The hijab becomes a kind of mirror in which these women see themselves reflected as Muslims." (Berger 1998: 112) Allgemeiner gefasst und diese Lesart des Schleiers unterstützend, könnte *man* anhand der generellen kulturellen Kommunizierbarkeit des Körpers durch Kleidung formulieren: mit Kleidung bzw. einer spezifischen Mode ist ein kulturelles Blickregime intendiert, „das den Blick der anderen im *visible self* spiegelt und zurückspiegelt" (Mentger 2008: 774). Kleidung nimmt in diesem Verständnis des Verhältnisses von Identitätsbildung und Geschlechterbeziehungen die Funktion einer Art Leinwand[36] ein. Als Medium zwischengeschaltet, nimmt sie die Blicke der BetrachterInnen auf und gibt sie an das Subjekt zurück und vice versa.

Das Paradox, das demnach die Sicherheitskameras in Bezug auf die ‚zu beschützenden' Bilder der Werbeschaukästen konstituieren, schlägt sich in einem Changieren zwischen der Überwachung der Werbebilder (vor ihrer Zerstörung) und einer Überwachung nieder, die eine Art Definitionsmacht ausübt. Es handelt sich dabei um das Regime der Sichtbarkeit, das entscheidet, welche Körperbilder im öffentlichen Raum auf welche Art und Weise abgebildet werden dürfen und welche Körperbilder aus dieser Sphäre ausgeschlossen bleiben.

Die Graffiti-Hijabs setzen somit den Kameras auf der einen Seite einen neuen, sich der Überwachung bemächtigenden Blick entgegen im Sinne des Sehens, ohne gesehen zu werden. Auf der anderen Seite potenzieren sie den Überwachungscharakter durch die beschriebene Spiegelfunktion noch. In jedem Fall aber wird ein konventionelles

36 Auf das Verhältnis von Leinwand und Schleier wird in Kapitel IV näher eingegangen.

Verständnis in der Visualisierung von geschlechtlicher und religiöser Differenz enttarnt und verwirrt.

Auf eben diesen Punkt soll mit Blick auf die Selbstbezeichnung der Künstlerin als „visual terrorist“[37] in einem nächsten Schritt eingegangen werden. Dabei soll mit Bezug zu W.J.T. Mitchell im engeren und dem Verständnis von Bildlichkeit und Sichtbarkeit der *Visual Culture Studies* im weiteren Sinne der mysteriösen Praxis des *hijabizing* auf die Schliche gekommen werden.

3.2 *Hijabizing* - Ein Akt „kreativer Zerstörung“

Der Akt des *hijabizing* der abgebildeten „almost-naked-swimmer-bodies“ soll dazu als ein Akt der „kreativen Zerstörung“[38] im Sinne W.J.T. Mitchells verstanden werden. „Kreative Zerstörung“ ist nach Mitchell ein Akt, der über die Zerstörung eines bestimmten Bildes hinaus ein neues Bild, ein Meta-Bild,[39] schafft. Darin, so die These dieses Kapitels, liegt der „visuelle Terrorismus“, als den die Künstlerin ihre Kunstform definiert.

Was Mitchell an Metabildern fasziniert, ist ihr Potenzial, Theorie zu verbildlichen („*(to) picture theory*“). Sie sind demnach mehr als bloße Illustrationen, als bloße epistemologische Modelle zu verstehen. Vielmehr sind sie „ethische, politische und ästhetische ‚Assemblagen‘, die uns gestatten, den Beobachter zu beobachten“ (Mitchell 2008: 190).

Diskursive Hyperikons, wie Mitchell die *Camera obscura,* die *tabula rasa* oder die platonische Höhle bezeichnet, führten die zentrale Position vor, so Mitchell, die diese Technologien der visuellen Repräsentation in dem Wissen von anderen und sich selbst einzunehmen vermögen:

> *„Das Metabild ist eine Art beweglicher kultureller Apparat, der eine marginale Rolle als illustratives Werkzeug oder eine zentrale Rolle als eine Art bildliche Summe spielen kann, als das, was ich ein*

---

37 Zit. nach http://www.metacafe.com/watch/bg-5004778/princess_hijab/ (gesehen am 23.11.2010).

38 Zum Begriff der *creative destruction* siehe Mitchell 2005.

39 Zum Begriff des *Metabildes* siehe Mitchell 2008. (Besonders Kapitel 6 „Metabilder“, S. 172 ff): „Jedes Bild, das dazu dient, über das Wesen von Bildern zu reflektieren, ist ein Metabild. (...) Das Gebrauchsprinzip des Metabildes besteht offenkundig darin, zu erklären, was Bilder sind - sozusagen die ‚Selbsterkenntnis‘ von Bildern zu inszenieren“ (Mitchell 2008: 199).

‚Hyperikon' genannt habe, als etwas, das eine ganze Episteme, eine Theorie des Wissens, in sich enthält." (Mitchell 2008: 190)

Auf der Suche nach dem „terroristischen" Element in der Kunst der selbsternannten *visual terrorist*-Künstlerin ließe sich sicherlich viel über die Beziehung von Verschleierung als globalem Bild und Terrorismus als „verbal idol of the mind for our time" (Mitchell 2005: 22) sagen. Wie Mitchell beobachtet, ist der Terrorismus ein *invisible idol*, eine ihre Gestalt verändernde Idee, die sich in beliebigen Formen niederschlagen kann, sei es in der stereotypisierten Figur mit arabischem Turban oder der Karikatur eines fanatischen Selbstmordattentäters oder eben auch in der Darstellung der Burka bspw. als Gefängnis, mit Gitterstäben als Augenschleier an Stelle des Netzstoffes. *Man* könnte also annehmen, dass der Schleier als eine Art *offending image*[40] in der Arbeit *Princess Hijabs* fungiert und demnach der Assoziation „Terrorismus" eine Form gibt (Mitchell 2005: 22ff.).

In der bereits angesprochenen sogenannten ‚Burka-Debatte' in der zentraleuropäischen Öffentlichkeit wurde immer wieder die ‚visuelle' Beleidigung, die die Burka (und die Lebensform bzw. Religion, die mit ihr in Verbindung gebracht wird) für ‚westlich-liberale' Augen darstelle, hervorgehoben. Lediglich den Schleier in seiner globalen Symbolkraft als Form des „visuellen Terrorismus" einer *Princess Hijab* zu lesen, wäre zu oberflächlich und übersähe die Debatte um die Problematisierung von Geschlechter-Konstruktion, in die sich das Bild ebenfalls einschreibt. Wo liegt er also stattdessen, der Akt des visuellen Terrorismus?

Indem die selbsternannte „visuelle Terroristin" die „falschen Körper"[41] verschleiert, werden die verschleierten Körper von ihrer Zeichenhaf-

---

40 Siehe Mitchell 2005: „Both Dolly and the WTC were also, from certain points of view, ‚offending images,' or symbols of forms of life that are feared and dispised. That is they were offensive to certain eyes, constituting an affront or visual insult to those who hate and fear modernity, capitalism, biotechnology, globalization" (Mitchell 2005: 15).

41 Der Begriff „falsche Körper" soll in diesem Zusammenhang keinesfalls normativ verstanden werden, sondern vielmehr die Art und Weise, wie es der binäre Ursprungsmythos vorsieht, durch den „westliche" Körper und Subjekte autorisiert sind, unter einen kritischen Fokus nehmen: „Only one body per gendered subject ist ‚right'. All other bodies are wrong" (Stone 2003: 189).

tigkeit, ihrer Funktion sowohl als Grenze, die den Islam definieren und absichern könnte, als auch als Grenze, die die Geschlechter-Differenz eindeutig markiert und damit die soziale Intelligibilität garantiert, befreit. Als Akt der kreativen Destruktion (Mitchell 2005: 19ff.) versteht Mitchell die Vorstellung, dass die Zerstörung eines Bildes ebenfalls zu einem Bild werden kann. *Princess Hijab* ‚zerstört' das Werbebild demnach nicht, indem sie bestimmte Körper unsichtbar und andere dadurch sichtbar werden lässt (nackte Körper vs. verschleierte Körper), sondern durch den Bedeutungsverlust der Zeichen Schleier und Geschlechtskörper wird der Inszenierung einer stabilen und eindeutigen Geschlechts- und religösen/kulturellen Identität der semiotische Boden entzogen. Die Körper sind de-essentialisiert und können nicht mehr wahrgenommen werden als definierbar anhand fixierbarer Identitätsmerkmale, die in einer Beziehung zu der sichtbaren Erscheinung eines sogenannten materiellen Körpers stehen.

Um das Entschleiern der bereits diskutierten Position der Technologien visueller Repräsentation im Wissen um ‚das Selbst' und ‚den Anderen' (Mitchell 2008: 190) geht es demnach, wenn *Princess Hijab* von ‚visuellem Terrorismus' spricht. Oder wie es Bettine Menke und Shoshana Felman für die Tra(ns)vestie beschrieben haben, durch die ein Signifikant auf ein fremdes Signifikat verschoben und damit über die Irritation der Opposition männlich/weiblich auch die Rolle der Lesbarkeit der Geschlechterdifferenz schlechthin in Frage gestellt wird.[42]

Für Judith Butler ist das Konzept von *drag* eine Möglichkeit, um zu versinnbildlichen, wie *reality-effects* in Bezug auf Geschlechterkonstruktion durch die performative Wiederholung ihrer ‚Aufführung' hergestellt werden. Dabei geht es ihr nicht so sehr darum, *drag* als *die* Möglichkeit zur Subversion von Geschlechternormen zu beleuchten, als vielmehr mit *drag* diese sich stetig wiederholende Produktion von *reality-effects* im sozialen Alltag lesbar werden zu lassen:

> „*Most important was the idea that 'reality' is given to certain kinds of gender appearances over others, and that those who are transgendered are regularly debased and pathologized for 'not being real.'*" (Butler 2006: 282)

Mit diesen „reality-effects" spielt auch das Werk von *Princess Hijab.* Es geht bei dem Akt des *hijabizing* demnach nicht um eine simple Verwir-

42 Vgl. Menke 1995 und Felman 1995.

rung der Geschlechter, sondern um das Entschleiern, das Lesbar- und Sichtbarmachen der Operationen dieser butlerschen *reality-effects,* wie sie an der alltäglichen Aufführung von Geschlecht beteiligt sind. Nicht um Subversion[43] oder Widerstand geht es dabei, sondern um die Sichtbarmachung dieser Effekte eines alltäglichen ‚visuellen Terrorismus', um die Technologien visueller Repräsentation.

Anzumerken ist hier, dass gerade in Bezug auf die Verschleierung und *drag* ein spezifischeres Feld der Verwerfung bestimmter geschlechtlicher Darstellung aufgerufen wird. Ein Topos in Bezug auf den Diskurs über die Notwendigkeit, verschleierte Frauen entschleiern zu müssen, ist immer wieder das Unwissen über das, was darunter liegt. Dass die ‚männlichen' Körper in dem betrachteten Beispiel sichtbar unter dem Schleier hervorgucken, spielt deutlich auf diese Angst vor der Möglichkeit, keine ‚Frau' bei einer Entschleierung unter dem Schleier vorfinden zu können, mit an.[44]

Das Meta-Bild, das durch den Akt der kreativen Zerstörung entsteht, führt in das Territorium der Bildhaftigkeit des Körpers, in den Diskurs der Geschlechter-Differenz und zu den Fragen nach den (Un)Sichtbarkeiten in der sozialen Ordnung überhaupt. Die Burka, die in der westlichen Öffentlichkeit nach 9/11 zum kleinsten gemeinsamen Nenner innerhalb eines Diskurses über ‚den' Islam avancierte und somit zu ei-

---

43 Zum Verständnis des Begriffs „Subversion" bei Butler in Anlehnung an Foucault (insbesondere in *Das Unbehagen der Geschlechter*) ist festzuhalten, „that subversion happens not only or exclusively as a ‚tactic' mobilized by an intention but also as a strategy without intention, one that follows from reversals and proliferations of discourse and power in their convergence. Even when there is agency, it is a vexed one, since one is mired in the discourse that makes one's agency possible an so never fully distanced from it as an instrumental relation would imply" (Butler 2006: 285).

44 Als Randbemerkung sei dies mit einer Begebenheit auf dem Münchener Marienplatz verdeutlicht: Wie die *tz München* am 17.03.2009 titelte: „Mann in Burka verunsichert Passanten" und in dem Artikel das Aufsehen beschreibt, das ein Mann, der sich in eine Burka gekleidet die Reaktion seines Umfeldes testen wollte, erregt hatte. Passanten riefen die Polizei, da sie den Körper, der unter der Burka steckte, als ‚männlich' identifizieren konnten und sich in Terrorgefahr wähnten. Vgl.:http://www.tz-online.de/aktuelles/muenchen/tz-mann-burka-verunsichert-passanten-102525.html (aufger. am 13.09.2010).

nem „geschlossenen Zeichen"[45] geworden ist, über das sich sowohl Islamkritiker als auch die Kritiker der Islamkritiker verständigen können, öffnet nun ihren semiotischen Faltenwurf und wird unter der Feder *Princess Hijabs* zu einem „offenen" Zeichen: sie wird formal.

Vieles, wenn nicht alles, kann nun an (politischer) Bedeutung in ihre neue Zeichenhaftigkeit hineingelegt werden: Kritik am westlichen Schönheitsdiktat, eine Reformulierung der Ikonographie westlichen Lebensstils, Konsumkritik, Einschreibung in die Deutungshoheit über Körper und Macht im öffentlichen Raum etc.

Einen Schritt weitergehend ließe sich die Frage stellen, ob der Schleier vor dem Hintergrund der bisher besprochenen Zeichenhaftigkeit nicht auch als ein Hyperikon im Sinne Mitchell fungieren kann? Während die *Figur* der Sichtbarkeit auf die Ebene dessen verweist, was wir tatsächlich sehen können (den Schleier als Objekt und der verhüllte Körper darunter), verweist der Schleier als *Hyperikon* auf das Sehen selbst. Die sonst selbst so unsichtbare Visualität findet in der Kunst von *Princess Hijab* ein „Mittel der Darstellung"[46] und wird sichtbar.

---

45 Über die Burka in der Popart als geschlossenes und offenes Zeichen siehe: Drees, Stephanie. „Das Keuchen unter dem Schleier. Eine semiotische Liebesheirat: Der Pop entdeckt die Burka." *Süddeutsche Zeitung* 23.11. 2010.

46 In den „Philosophischen Untersuchungen" erklärt Wittgenstein *Paradigmen* zu „Mitteln der Darstellung", „etwas, womit in einem ‚Spiel', in einer Praxis verglichen wird (...) Es ist kein Paradigma für sich, sondern stets *für etwas anderes*. Insofern gehören P. zur Darstellung und sind wesenskonstitutiv" (Rentsch 1989: 79). Zum Begriff des Paradigma vgl. auch Kuhn, Thomas. *Die Struktur wissenschaftlicher Revolutionen*. Frankfurt a.M.: Suhrkamp, 1967.

4 *Submission* und *The Veiled Monologues* – Eine Analyse vor dem Hintergrund postkolonialer feministischer Kritik

„Beyond sisterhood there is still racism, colonialism and imperialism!"
(Mohanty 2003: 64)

Eine der Grundfragen, die sich diese Arbeit zu stellen vorgenommen hat, ist die nach der Herausforderung, die die muslimische Verschleierung in der europäischen Öffentlichkeit für westliche feministische Theorien bzw. Diskurse bedeutet. Es soll der Frage nachgegangen werden, worin genau diese angenommene Herausforderung besteht. Dabei muss festgehalten werden, dass es naturgemäß *die* feministische Theorie nicht gibt, sondern dass von einer Vielzahl von feministischen Theorien ausgegangen werden muss. Wenn im Folgenden von einem *westlichen Feminismus* die Rede ist, soll darunter in Anlehnung an Chandra Talpade Mohantys (Mohanty 2003) kritische Dekonstruktion[47] eine analytische Strategie verstanden werden, die den ‚Westen' zum primären Referenten ihrer Theorie und Praxis macht und deren Beziehung zu dem ‚Anderen' sich durch ein eindeutig hierarchisiertes Verhältnis charakterisieren lässt.[48] Mohanty geht es dabei um das Aufdecken von ethnozentristischen Universalismen, die sich häufig in bestimmte Analysen der universalen Kategorie ‚Frau' einschleichen und in dem Gebrauch dieser Analysekategorie Frauen primär in ihrem Objektstatus definieren („the way in which they are affected or not affected by certain institutions and systems" (Mohanty 2003: 54)) Kurzgefasst geht es ihr um eine Kritik an einer wie bereits in Kapitel 2.3. erwähnten *global sisterhood*:

> *„It is in this process of discursive homogenization and systematization of the oppression of women in the third world that power is exercised in much of recent western feminist writing and this power needs to be defined and named."* (Mohanty 2003: 51)

---

47 Mohanty kritisiert die Konstruktion eines „third-world-women" Subjekts durch *western feminist theory*.

48 Da es sich in Mohantys Verständnis um einen strukturellen *western feminism* handelt, ist er nicht geographisch an ‚westliche' Subjekte gebunden, sondern kann sich genauso z.B. zwischen indischen *upper-Kast* Frauen und indischen *lower-Kast* Frauen abspielen.

Zu Beginn dieser Arbeit sind bereits die Instrumentalisierung und Mittäterinnenschaft des feministischen Projekts für die bzw. an der Durchsetzung kolonialer Machtinteressen in Ansätzen thematisiert worden. In diesem Kapitel sollen diesen Überlegungen folgend Anzeichen von Kolonialisierung in jüngsten ,westlichen' feministischen Diskursen aufgezeigt und in Bezug zum Selbstverständnis und emanzipatorischen Projekt des Kurzfilms *Submission* und des Theaterstücks *The Veiled Monologues* diskutiert werden. Dafür soll in einem ersten Schritt zunächst die Problematik der verschiedenen ,Feminismen' und dem Ansatz postkolonialer feministischer Theorien diskutiert werden. Dieser kurze theoretische Exkurs soll den Hintergrund für die nachfolgende Analysen bietet.

Den Finger in diese Wunde eines exklusiven *white-women* Feminismus legte historisch gesehen zum ersten Mal die feministische Bewegung der *women of colour* in den USA in den 1980er Jahren. Ihr Anliegen war es zu betonen, dass die ethnische Dimension in ihrer Identitätsrelevanz nicht einfach zur Geschlechterzugehörigkeit addiert werden könne, sondern diese vielmehr durchkreuze (Villa 2009: 127). So wurden die für die westlichen Feministinnen der sogenannten *second wave*[49] als selbstverständlich universal geltenden bzw. universal erstrebenswerten Frauenrechte (wie die sexuelle Selbstbestimmung bzw. die sogenannte sexuelle Befreiung) von Seiten der *black* und *third-world feminists* und (historisch gesehen später) auch von lesbischen Frauen angegriffen und als exklusiv und hegemonial enttarnt. Diese vor allem in den 1990er Jahren erstarkende Kritik an der ,Farbenblindheit' und der Heteronormativität der feministischen Theorie hat zu einer Hinterfragung der homogenisierenden Kategorie ,Frau' geführt. Die Dezentrierung der Kategorie Geschlecht zu Gunsten einer Mehrfachpositionierung wird im deutschsprachigen Raum unter dem Begriff der „Intersektionalität" geführt (Villa 2009: 127).

Um einem starren Subjektbegriff, dem Fallensteller der Essentialismen und Universalismen, zu entgehen, bietet es sich an, sich dem poststrukturalistischen Verständnis von Subjektentwürfen anzuschließen. Der Poststrukturalismus geht von einem prozessualen Begriff der Subjektivation aus. Das Subjekt, so Foucault, befindet sich immer schon in-

49 Die „zweite Frauenbewegung" dauerte von den frühern 1960er Jahren bis in die späten 1970er Jahre.

nerhalb von Machtstrukturen und wird von ihn bestimmenden Machtstrukturen hervorgebracht.[50]

Judith Butler stützt sich auf eben dieses Subjekt-Verständnis Michel Foucaults.[51] In *Bodies that Matter* bricht sie mit der feministischen Tradition, die sich dem Ansatz der sex/gender Dichotomie[52] verschrieben haben, und macht dadurch deutlich, dass ein vorrepräsentatives ‚natürliches' Geschlecht (*sex*) von ihren theoretischen Überlegungen ausgeschlossen bleiben muss. Das vergeschlechtliche Subjekt konstituiert sich nach Butler performativ in seiner ‚geschlechtlichen Materialität' durch wiederholtes Zitieren und Verkörpern der heterosexuellen Normen, die die vermeintliche Faktizität der Geschlechter-Differenz überhaupt erst schaffen und im Nachhinein ihre Gemachtheit verschleiern und somit ‚natürlich' erscheinen lassen (Butler 1997).

Ein großer Teil der feministischen Theorie vertritt den Ansatz, dass patriarchale Ideologie durch die Objektivierung weiblicher Körper und deren Unterwerfung unter die männliche Repräsentationslogik funktioniere. Damit werde die Möglichkeit zur eigenen Erfahrung der Körperlichkeit und Subjektivität der Frauen verworfen.[53]

---

50 Als einer der zentralen Aspekte in Foucaults Subjekt-Verständnis ist in diesem Zusammenhang das Paradox der Subjektivierung zu nennen, d.h., dass diejenigen Praxen und Bedingungen, die die Unterwerfung des Subjekts sichern, auch diejenigen sind, die dem Subjekt seine Identität und Handlungsmöglichkeit (*agency*) garantieren. In diesem Verständnis gibt es keinen Überrest eines herrschaftsfreien Selbst, das auf eine Existenz außerhalb oder vor den Operationen der Macht verweist. Es ist immer bereits Produkt dieser Machtbeziehungen.

51 Indem sie die Vorstellung eines vordiskursiven Subjekts generell hinterfragt und stattdessen ihre Überlegungen auf die das Subjekt konstituierenden Machtstrukturen konzentriert, bricht sie mit einer Riege von feministischen TheoretikerInnen, deren Ansätze sich auf eine relative Autonomie des Individuellen vom Sozialen stützen. Ebenso wie in Butlers Subjekt-Verständnis jegliche Referenz auf eine „Essenz der Person" negiert wird, argumentiert sie auch gegen die Möglichkeit eines vordiskursiven Geschlechtskörpers (vgl. Butler 1997).

52 „Das ‚soziale Geschlecht' [*gender*] lässt sich danach keineswegs weiterhin als kulturelles Konstrukt verstehen, das der Oberfläche der Materie, und zwar aufgefasst als ‚der Körper' oder als dessen gegebenes biologisches Geschlecht, auferlegt wird. Vielmehr lässt sich, sobald das „biologische Geschlecht" selbst in seiner Normativität verstanden wird, die Materialität des Körpers nicht länger unabhängig von der Materialisierung jener regulierenden Norm denken" (Butler 1997: 22).

53 Siehe zur Diskussion dieser Ansätze Mahmood 2006.

Eine andere Perspektive feministischer TheoretikerInnen negiert jegliche Möglichkeit, dass so etwas wie eine ‚weibliche Perspektive' überhaupt einnehmbar bzw. erfahrbar sei. Vor dem Horizont dieses Ansatzes ist ein dem Diskurs Äußeres, wie etwa ‚weibliche Erfahrung', nicht möglich, da das Verworfene (*abject*) immer nur in Beziehung zu den hegemonialen Begrifflichkeiten des Diskurses wahrgenommen werden kann.[54]

Für die Vorgehensweise dieser Arbeit gilt es dabei, sich weder der Annahme, dass eine mögliche weibliche *subjectivity* lediglich männlicher Repräsentationslogik unterliege, noch der Überzeugung, dass diese *subjectivity* ein Zeichen des materiellen Verworfenen sei, das vom Diskurs gar nicht erst artikuliert werden kann, vollkommen zu verschreiben, sondern die Grenzen einer klaren Einordnung in eine der beiden gängigen Ansätze feministischer Theoriebildung aufzuspüren.

Eines der Anliegen postkolonialer feministischer Theorie ist es, die Beziehung zwischen ‚westlichen' Frauen und (verallgemeinert gesprochen) ‚indigenen' Frauen zu beleuchten. Das Interesse dieses Ansatzes zielt dabei auf ein „redefining the third-world subject" (Lewis; Mills 2003: 8).

Postkoloniale feministische Theorie macht immer wieder auf den generalisierenden und homogenisierenden Ansatz vieler westlicher feministischer Theorien aufmerksam, sodass

54 Butler geht in ihren Ausführungen in *Körper von Gewicht* davon aus, dass der heterosexuelle Imperativ im Prozess der „Annahme" eines Geschlechts (der Identifizierung) eine entscheidende Rolle spiele, indem er bestimmte sexuierte Identifizierungen ermögliche und andere nicht. Die Subjekte bilden sich nach Butler in einer Matrix mit Ausschlusscharakter, die einen Bereich verworfener Wesen hervorbringt (*the abject*), die das konstitutive Außen zum Bereich des Subjekts darstellen. Dieses konstitutive Außen, die „Zone der Unbewohnbarkeit", wie es bei Butler heißt, wird zur definitorischen Grenze des Subjekts und zum „Ort gefürchteter Identifizierung", gegen den sich das Subjekt abgrenzt. Das butlersche Subjekt konstituiert sich durch dieses verwerfliche Außen, welches „im Grunde genommen ‚innerhalb' des Subjekts liegt, als dessen eigene fundierende Zurückweisung" (Butler 1997: 23 f.). Butler betont aber, dass das „Außen" kein absolutes in einem ontologischen Sinne ist, sondern als ein „konstitutives Außen" dasjenige ist, was, „wenn überhaupt, nur in Bezug auf diesen Diskurs gedacht werden kann" (Butler 1997: 30).

„for many Western feminist postcolonial theorists, it is a question of positioning oneself differently in relation to other women, according them the same degree of agency one would expect for oneself." (Lewis; Mills 2003: 9)

Dass die (postkolonial) feministische Frage des Schleiers (gemeint ist naturgemäß die Praxis der Verschleierung in ihrer immensen Vielfalt) auch eine nach *agency,* nach der (Un)Möglichkeit von Repräsentation und der Problematisierung der Annahme einer universalen Kategorie ‚Frau' sein sollte, macht El Guindi deutlich, wenn sie die Annäherung an Fragen der muslimischen Frauen mit westlich-feministischem Instrumentarium für nicht brauchbar und irreführend erklärt. Anhand ihrer Analyse der wiedererstarkende Verschleierung in der ägyptischen Öffentlichkeit (in den 1970er Jahren) soll diese keinesfalls analog zu der im Rahmen dieser Arbeit betrachteten Verhandlung der muslimischen Verschleierung in einer europäischen Öffentlichkeit gelesen werden. Ihre Analyse ist aber ebenso wie Mahmoods Analyse des *piety movement* einiger ägyptischer Frauen dienlich, um universalistischen Vorstellungen einer Kategorie ‚Frau' nicht das Wort zu reden. So basieren El Guindis Argumente auf ihrer Annahme, dass das Wiedererstarken der religiös motivierten Verschleierung in weiblicher *agency*[55] wurzelt. Sie zeigt auf, wie in manchen Umständen islamische Religiosität als die ‚richtige' Möglichkeit für die Emanzipation der Frauen gesehen wird - und somit als Gegensatz zur ‚falschen' Emanzipation westlicher Frauen, die ausgebeutet und sexualisiert in westlichen Konsumgesellschaften leben. Wenn also zu Kolonialzeiten unter der Fahne des Feminismus die Entschleierung der Frauen in den kolonisierten Gesellschaft erfolgt ist, dann scheint es fast folgerichtig, dass sich die Skepsis und der Widerstand bezüglich allgemein ‚westlicher' Werte und damit auch bezüglich der Ideen eines westlichen Feminismus in einer neuen Verschleierung bündelt.

Was El Guindi beschreibt, ist eine ‚neue' Verschleierung, die sich nicht (wie im Beispiel von Fanon in Algerien) in einer Gesellschaft unter Kolonialherrschaft als Symbol des Widerstands ereignet, sondern in einer postkolonialen Gesellschaft als Symbol einer islamischen Identität entwickelt:

55 Mit *agency* ist Handlungsmöglichkeit im Sinne Butlers gemeint. Vgl. Fussnote 53 in dieser Arbeit.

„In the 1980s the movement shifted from establishing an Islamic identity to asserting Islamic nationalism. Embedded in today's hijab is imagery that combines notions of respectability, morality, identity, and resistance." (El Guindi 1999: 184)

Es ist naturgemäß möglich, muslimische Verschleierung als einen Indikator für Geschlechterungleichheiten und Widerstand gegen den Westen zu lesen, aber El Guindis beispielhafte Ausführungen verdeutlichen, dass es wichtig ist, sich bewusst zu machen, *wer* dort liest und mit welchem Maß gemessen wird.

Ebenso wichtig, wie die Pauschalisierung in der Bedeutungszuschreibung an die Verschleierung kritisch zu betrachten, ist es, so Daphne Grace (Grace 2004), sich die widersprechenden Argumente innerhalb des islamisch feministischen Diskurses vor Augen zu führen: Während die eine Seite der Meinung ist, die Regeln des Islam seien vorwiegend negativ für die Lage der Frauen im Mittleren Osten, diskutiert die andere Seite die Befreiung, die der Islam und seine Wiederauflebung in gegenwärtiger Zeit für die Frauen mit sich gebracht hat, den Schutz und die Ehre ihrer Rolle als Frau (Grace 2004: 20).

Bei der folgenden Analyse sowohl von *Submission* als auch von *The Veiled Monologues (VM)* soll daher dieser kritische postkoloniale feministische Blick auf die Verhandlung über ‚die anderen Frauen' (die muslimischen, verschleierten Frauen einer europäischen bzw. niederländischen Öffentlichkeit) und auf die heterogene Symbolik und Art und Weise der Verschleierung geschärft werden und mit einer Analyse der Topologien Blickwechsel, gaze, look, Maskerade zu einem analytischen Zusammenspiel „von Gewicht" gebracht werden.

Lassen sich in *Submission* und in den *TVM*, die sich beide in ihrem Selbstverständnis in einem liberalen westlichen Feminismus verorten, die Spuren eines ‚kolonisierenden' Ansatzes im Sinne Mohantys finden oder werden diese theoretischen ‚Fallen' ebenfalls thematisiert? Wie vermeiden es die beiden Kunstphänomene oder vermeiden es nicht, sich in den (neo)kolonialen Diskurs einzuschreiben, deren Machtbeziehungen sie zu kritisieren versuchen?

4.1 *Submission*[56] – Von strategischen Essentialismen und dem Ende der „Toleranzpolitik"

Langsam hebt sie ihre Arme, platziert sie neben ihrem Kopf, der Blick ist geradeaus gerichtet. Sie senkt die Arme wieder, verschränkt die Hände vor ihrem Bauch und lässt ihren Blick auf den Boden sinken. Sie betet: „Allah ist mächtig. Im Namen von Allah dem Barmherzigen, dem Gnädigen, alle Liebe sei Allah ... ."

Die Kamera fährt diametral zu ihrem nach unten gesenkten Blick ihren gesamten Körper hinauf. Von ihren nackten Füßen auf dem Gebetsteppich über ihre nackten Beine, die, von einem halb-durchsichtig schwarzen Schleier umspielt werden, über ihren Schritt und ihre Brüste hinauf bis zu ihrem betenden Gesicht. Schnitt. Und dann noch einmal, in einem *close-up* den ganzen Körper visuell abtastend. Der zweite Blick auf den Körper macht auf etwas Bestimmtes aufmerksam: auf die Suren, die auf ihren nackten Körper geschrieben sind, durch den durchsichtigen Schleierstoff lesbar werden und, so scheint es, ihr Gebet schriftlich nachvollziehbar machen.

Beim abschließenden *Amen* ihres Gebets verharrt der Blick der Kamera auf ihrem Bauchnabel. Es folgt ein harter Schnitt und Sprung der Kameraperspektive zu ihrem in Frömmigkeit verharrenden, gesenkten Blick. In eben der Sekunde blickt sie ganz unverhofft auf, und nicht nur das: Ihre Augen, als einziger Teil des Gesichts unverhüllt, blicken direkt und herausfordernd in die Kamera.

Mit ihrem provozierten Wechsel im Blickregime verändert sich auch der Modus ihres Gebetes. Sie tritt ein in ein Zwiegespräch mit Allah, adressiert ihn direkt, die Konventionen eines muslimischen Gebets überschreitend. Das Zwiegespräch wird zur Anklage: „Oh Allah, hier liege ich, mein Geist/Wille ist gebrochen ... ."

Ein im Laufe des Filmes sehr häufig auftretender Kamerafokus stellt sich als eine Nahaufnahme ihrer Augenpartie heraus. Ihre Augen werden umrahmt von dem schwarzen Schleier, der den Rest ihres Gesichtes und Kopfes verhüllt und bilden den Mittelpunkt des Filmbildes. Das Schwarz des Schleiers bekommt eine rahmende Funktion, scheint

56 Submission Part I ist auf You Tube abrufbar: http://www.youtube.com/watch?v=e0nG-7tO9Ws

mit dem schwarzen Rahmen des Filmbildes zu korrespondieren, den Bildrahmen zu potenzieren und ihren Blick dadurch zu intensivieren.

Eine weitere Perspektive, die die Kamera gleich zu Beginn ihrer Gottesanklage einnimmt, ist eine, die die Position des/der Angeklagten selbst widerzuspiegeln scheint: die Position Allahs. Schräg von oben auf die betende Protagonistin herabblickend, muss sie wiederum in die Kamera hinaufblicken. Ihr nach oben gerichteter Blick und die Anrufung Allahs fallen in eins und versetzen die Betrachtenden in die Position Gottes selbst, zu dem sie entweder hinaufschaut oder den sie mit einer Nahaufnahme direkt anzublicken scheint. So wie Gott im Menschen sein Ebenbild schuf, so definiere das sehende Subjekt durch den Blick der technischen Sehgeräte (seit der Entwicklung der Photographie des Films und der Videotechnik) den Körper des Anderen: bspw. den „des Weibes." Durch den Blick, der nicht erwidert werden könne, dank der Entwicklung technischer Sehgeräte, setze das Subjekt sein eigenes ‚Du' und es ließe sich der Gedanke anschließen, ob diese Dichotomie von Sehen und Gesehenwerden nicht ‚alte' Geschlechtermuster unterlaufe und mit neuen, vom technischen Sehen bestimmten überlagere (vgl. von Braun 2001: 214ff.).

Zur Geschichte des Sehens führt Christina von Braun aus, dass seit Aristoteles der Sehsinn in der abendländischen Tradition als der „höchste" der fünf Sinne galt, weil er der Rationalität am nächsten stehe. Im Gegensatz dazu galt der Tastsinn als der „niedrigste", da er auf Lust und Eros verweist. Der Tastsinn galt aber gleichzeitig als der grundlegende Sinn, „als Basis für das Vorhandensein der anderen Sinne." Die Wechselbeziehung zwischen dem „höchsten" und dem „niedrigsten" Sinn habe in der abendländischen Geschichte des Eros eine wichtige Rolle gespielt, so Braun. Durch sie verband sich das Sehen (und damit auch die Kunst) mit der Berührung (und damit auch mit der Sexualität):

> *„Durch die Augen wurde die Sexualität gleichsam von der Rationalität an die Zügel genommen. Denn bei Sehen und Tasten handelt es sich um Sinne, die sich im Extremfall gegenseitig ausschließen. Wirkliches Betrachten setzt die Entfernung vom Betrachteten, also die Aufhebung der Berührung voraus."* (von Braun 2001: 216)

Mit der Einführung der technischen Sehgeräte, die eine Einseitigkeit des Blickregimes provoziert, werde der Blick selber als Berührung wahrgenommen, so von Braun. Was für die folgende weitere Analyse des Kurzfilmes interessieren soll, ist das Zusammenspiel von Blick und Subjektkonstitution, von der Visualisierung des „unsichtbaren Geschlechts", vom Sehen und Berühren, von Auge und Körper. Wenn durch den Wandel des Blickes, wie zuvor erläutert, und durch die technische Möglichkeit der Sichtbarmachung des „unsichtbaren Geschlechts" der weibliche Körper sich nun als Fabrikat des mechanischen Auges erfahre, entsteht eine eindeutige Differenz zwischen Sehen (männlich konnotiert) und Gesehenwerden (weiblich konnotiert).

Sind die Geschlechter in einer vom Blick bestimmten Geschlechtlichkeit austauschbar? Überlagert die Differenz zwischen Sehen/Gesehenwerden möglicherweise die Geschlechterdifferenz? Ist der vom „mechanischen Auge" bestimmte Blick unwiderbringlich einseitig?

Der Kurzfilm *Submission*, in dem die Frauenrechtlerin und Filmemacherin Hirsi Ali in Zusammenarbeit mit dem Regisseur Theo van Gogh ihr eigenes Schicksal zum Drehbuch macht, zeigt fünf Frauen, die im Modus des Gebets um Erlösung von der an ihnen ausgeübten körperlichen und seelischen Gewalt bitten. Dabei ist zwischen der Person der Darstellerin und der Protagonistin der jeweiligen Schicksalsgeschichte zu differenzieren. Die Betende mit erzählerischer Funktion hat ihren Blick direkt in die Kamera gerichtet und artikuliert ihre Anklage an Allah im Namen verschiedener muslimischer Frauen. Dies wird dadurch deutlich, dass in ihre Anklage, die damit zur sprachlichen Untermalung wird, mit harten, schnellen Schnitten, (die die Gewalt in den Bildern noch auf medialer Ebene verstärken), Bilder von einem mit Narben und Wunden überzogenen Frauenrücken eingeblendet werden. Sie klagt die Gewalt an, die den in Szene gesetzten Körpern angetan worden sind. Eine Gewalt, die im Namen des Islam ausgeführt wurde, so die Botschaft des Films, und damit im Namen Allahs, mit dem sie aus diesem Grund in das Zwiegespräch getreten zu sein scheint.

Die Kamera schwenkt durch den gesamten Verlauf des Films immer wieder auf eine der vier Frauen, die sich im Hintergrund des Bildraumes aufhalten und die mit ihrer stillen physischen Präsenz suggerieren, dass es ihre Zwangslagen seien, denen die Erzähler-Figur eine Stimme gibt.

Eine der ‚stummen' Protagonistinnen, Aisha[57], wird mit dem Rücken zur Kamera auf dem Boden liegend ins Bild gerückt. Sie ist mit 100 Stockhieben wegen ‚unzüchtigen' Verhaltens mit ihrem Liebhaber bestraft worden, so die Erläuterung der Erzählerin. Ihr Liebhaber habe die Flucht ergriffen, um einer Bestrafung zu entkommen. Ihr Rücken ist neben den Wunden, die von den Stockhieben herrühren, mit einem Koranvers bedeckt, der die spezielle Bestrafung für Sex außerhalb der Ehe beschreibt.

Safiya hingegen ist Opfer von sexueller Gewalt innerhalb der Ehe geworden. Ihr missbrauchter Körper wird in einem weißen rückenfreien Kleid präsentiert, dessen stoffliche Freizügigkeit nicht nur Spuren der häuslichen Gewalt entblößt, sondern wiederum Schriftzeilen aus dem Koran freilegt, die von der freien Verfügbarkeit des Ehemannes über seine Ehefrau erzählen.

Übersät von Prellungen und Blutergüssen wird Zainabs Körper von der Kamera in den Blick genommen, während die betende Erzählerin Allah verspricht, ihm treu zu sein. Sich selbst versichernd fügt sie hinzu, dass ihre Unterwerfung unter die regelmäßigen Gewaltausbrüche ihres Ehemannes sicherlich im Jenseits Anerkennung finden werde. Die letzte Geschichte, die erzählt wird, ist die von Fatima, die in einer Ganzkörperverschleierung (inklusive Gesicht) ins Bild gesetzt wird. Unter ihrer schwarzen Burka zeichnet sich eine Schwangerschaft ab, die, wie die Stimme der Erzählerin aufklärt, aus einer Vergewaltigung hervorgegangen ist. Es wird berichtet, dass sie den Großteil ihres Lebens im Hause ihres Vaters verbracht hat, die Öffentlichkeit nur aufsuchte, wenn es notwendig war, und dann auch nur mit der Erlaubnis ihres Vaters und ihren Körper verschleiernd. Von ihrem Onkel immer wieder sexuell missbraucht, ist sie nun schwanger. Ihre Anklage ob des häuslichen Missbrauchs stoßen bei ihrem Vater auf taube Ohren, vielmehr scheint ihr auch von väterlicher Seite körperliche Gewalt zu drohen auf Grund ihrer Anschuldigungen gegenüber dem Onkel.

57 Ich berufe mich bei der Angabe der Namen auf die Besprechung des Filmes durch Tom Sellar, dabei wird nicht ersichtlich, woher Sellar die Namen hat. Die Namen sollen dennoch der Einfachheit halber zur Beschreibung der Filmszenen benutzt werden, um die einzelnen Figuren besser auseinanderhalten zu können. Im Film selber werden die Namen nicht genannt und die Zuordnung der erzählten Lebensgeschichte zu den abgebildeten Körpern wird den BetrachterInnen suggestiv durch die Kameraperspektive vermittelt. Vgl. Sellar, Tom. „World Bodies. *Adelheid Roosen and* the Veiled Monologues." *Theatre* 37.2 (2007: 7-21).

Die Botschaft des Filmes ist eindeutig: Mit den kulturellen und religiösen Praktiken ‚des Islam' gehe die Ausübung körperlicher Gewalt und sexuellen Missbrauchs an Frauen einher. Praktiken, die, so die Aussage des Filmes, zu lange in den Niederlanden toleriert worden seien. Die Anfälligkeit des weiblichen Körpers für physische Gewalt wird in *Submission* mit der ‚gewaltbereiten' Seite der kulturellen und religiösen Werte eines Islam und ihrer vermeintlichen Legitimierung durch den Koran zusammengedacht. Auf den versehrten Körpern der muslimischen Frauen im Film zeichnen sich nicht nur die Spuren von Gewaltanwendungen in Form von Narben und Hämatomen ab. Durch das Medium der Schrift schreibt sich darüber hinaus der Koran in Form ausgewählter Suren in ihre Wunden ein, überschreibt sie, unterschreibt sie, als autorisiere er, so die suggestive Inszenierung der Filmemacher, die Verletztheit, die sich den BetrachterInnen drastisch darbietet.

Die versehrten Körper der Darstellerinnen stehen dabei metonymisch für eine ‚islamische' Unterdrückung von Frauen. Auffällig ist, dass es die Frauen ‚ohne Stimme' im Film sind, denen die Gewalt angetan worden ist. Womit ihre Festschreibung in ihren Opferstatus noch potenziert wird.

Die einzige Protagonistin, die tatsächlich zu Wort kommt, scheint körperlich unversehrt. Selbstbewusst blickt sie in die Kamera und adressiert immer wieder Allah direkt. Ihr schwarzer Schleier ist in seinem Vorderteil durchsichtig, sodass ihr Körper, der ebenfalls mit Suren beschriftet ist, durchschimmert, ihre Brüste und ihre Scham sichtbar werden. Während einzelne Körperpartien der anderen Frauen deshalb entblößt sind, weil die Wunden, Narben und Prellungen gezeigt werden sollen, bleibt es fraglich, was die Symbolkraft hinter dem halb entblößten Körper der betenden Erzählerin sein soll. Lesbar als mögliche Provokation und Infragestellung einer vermeintlich rigiden muslimischen Sexualmoral, als möglicher Ausdruck eines Begehrens nach Freizügigkeit in Kontrast zur restlichen Verschleierung des Körpers tritt doch viel mehr der voyeuristische Aspekt in den Vordergrund. Die Schlüsselloch-Perspektive zu Beginn und zum Schluss des Films suggeriert, dass *der* Betrachter (und in diesem Kontext sollte tatsächlich auf die männliche Form bestanden werden) einen intimen Moment in einem Privatraum einer Frau beobachtet. Sie betet, teilt Allah ihre tiefsten Geheimnisse und Begehren mit. Die Durchsichtigkeit des Schleiers, der ja aber trotzdem noch Schleier bleibt, ist es, die die Assoziation zum Voyeurismus hervorruft. Der Voyeurismus ist eng mit der Erfahrung von Entkörperlichung (auf Seiten des Betrachters) verbunden, „mit der Vorstellungen, dass man für seine eigene körperliche Präsenz an einem bestimmten Ort und zu einer bestimmten Zeit keine Verantwortung trägt" (Elsaesser/Hagener 2007: 107). Mit dem Voyeurismus einhergehe, so Elsaesser/Hagener, die Objektivierung der weiblichen Charaktere einher, in diesem Fall der halb-verschleierten Muslima. Sowohl das Changieren ihres Schleiers, als auch der Schleier als solcher in seiner blickdurchlässigen und blickverstellenden Funktion provozieren und evozieren einen erotisierenden Blick auf den nackten, als weiblich markierten Körper darunter. Aufgerufen wird damit der koloniale Topos der *schönen Orientalin* und der Erotisierung und Exotisierung *der Frau unter dem Schleier.*

Mit Laura Mulvey[58] als einer der meistrezipierten feministischen Filmtheoretikerinnen ließe sich diesem an der Oberfläche verharrenden Interpretationsansatz ein wenig an Tiefenschärfe verleihen. Ausgangspunkt ihrer Kinotheorie ist, dass das Kino über eine Anordnung von Blicken strukturiert ist: der Blick der Kamera auf die Handlung, der Blick des Publikums auf die Leinwand und der Blick der Charaktere im Film untereinander. Diese Blicke unterliegen (zumindest im Hollywoodsystem) einer zeitlichen sowie räumlichen Hierarchisierung, die die Blicke von Kamera und Publikum den Blicken der Charaktere unterordnet: „Sowohl die Anwesenheit der Kamera bei der Aufnahme als auch die Präsenz eines Publikums im Kinosaal wird von einem klassischen Film nicht anerkannt, sondern (...) überspielt" (Elsaesser/Hagener 2007: 118).

Wenn nun aber einer der Charaktere des Filmes einen direkten Blick in die Kamera wagt, wie im Falle der Protagonistin von *Submission,* bricht das System der ‚Vernähung' der Publikumsblicke mit denen der Charaktere in sich zusammen. Eine voyeuristische Schau-Lust ist durch den „Blick-zurück" nicht mehr gewährleistet: „Das Resultat ist ein ‚Kino der Unlust'" (Elsaesser/Hagener 2007: 118).

Im Falle von *Submission* würde ein nicht unerheblicher Teil der feministischen Literatur argumentieren, dass es sich auch bei der Religion (Islam) um eine patriarchale Ideologie handelt, die den Körper der

58 Mulvey 2009 [1989]

Frau objektiviert und einer Logik männlicher Repräsentationsformen unterwirft und gleichzeitig die ‚eigene' Erfahrung von Körperlichkeit und Subjektivität der Frauen verneint. Ein mögliches Ziel einer feministischen Stratgie wäre es demnach, alternative Darstellungsformen und Erfahrungen des ‚weiblichen' Körpers, die unterdrückt oder verleugnet worden sind, in den Vordergrund zu rücken (vgl. Mahmood 2005: 158). Dem folgend ließe sich argumentieren, dass der abtastende Blick der Kamera des weiblichen und halb-entblößten Körpers zwar einen in Mulveys Verständnis ‚männlichen' und voyeuristischen Blick provoziert, diesem aber durch seine Enttarnung (durch das direkte Anblicken) die Sicherheit seiner unbeobachteten Beobachterposition nehme. In diesem Sinne wäre der „Blick-zurück" der halbnackten, halb-verschleierten Muslima als ein Akt der Emanzipierung, als eine Umkehrung der Sehgewohnheiten und des Blickregimes zu lesen. Durch ihren „Blick-zurück" thematisiert sie nicht nur den Voyeurismus und mit ihm die Diskurse und Topoi, die ihm anhängen (im Sinne eines ‚westlichen' Blicks auf eine veschleierte Frau), sondern unterläuft ihn, setzt ihm ihren Bick entgegen. Wie ein Großteil der feministischen Forschungsliteratur den Schleier so häufig mit dem Begriff des Panoptischen in Zusammenhang bringt, unterstreicht diese Position des Sehen-Könnens-ohne-gesehen-zu-Werden noch.

Dass eine rein emanzipatorische Interpretation der Figur zu kurz greifen würde, zeigt bereits Mulveys Einwand gegen ihr eigenes Konzept von der Durchbrechung der Blick-Hierarchie. Eine gänzliche Aufhebung des „männlichen Blicks" wäre nämlich - mit Mulvey gedacht - nicht möglich. Das Kernstück ihrer feministisch-psychoanalytischen Filmtheorie geht von der Prämisse aus, dass in einer von sexueller Ungleichheit bestimmten Welt „die Lust am Schauen in aktiv/männlich und passiv/weiblich geteilt" ist und geteilt bleibt (Mulvey zit. nach Elsaesser/Hagener 2007: 120).

Die bereits von ihr enttarnte Hierarchie der Blicke im Hollywoodkino ist demnach geschlechtsspezifisch: *Der Mann schaut, die Frau wird angeschaut.* Wenn auch in der feministischen Filmtheorie mittlerweile überholt, hat ihr Ansatz doch eine entscheidende Neuerung für die kritische Filmtheorie bedeutet. Ihre Kritik bewegt sich von der für die Zeit übliche Betrachtung der Inhaltsebene (Darstellung von Frauen im Film) weg und hin zu formalen und strukturellen Fragen von geschlechtsspezifischen Blickregimen. Auf diesen formalen/strukturellen Pfaden Mulveys (wenn auch ohne ihre theoretische Begleitung) will sich auch diese Arbeit bewegen, wenn sie in einem nächsten Schritt zu dem Paradigma des Auges ein weiteres hinzufügt: das Paradigma des Körpers.

Nicht nur die feministische Filmtheorie bevorzugte lange Zeit solch ein okularzentrisches Paradigma, das das Sehen ins Zentrum des Interesses stellte. Die dominanten Theorien der 1960er bis 1980er Jahre z.B. privilegierten das Sehen noch stärker als die bereits auf das ‚Paradigma des Auges' ausgerichteten Theorien der 1920er Jahre: Baudrys Apparatus-Theorie beförderte die Augenmenschen in Platons Höhle, während die feministische Filmtheorie lange Zeit unter Stichworten wie Voyeurismus, Fetischismus, Exhibitionismus und männlicher Blick operierte (Elsaesser/Hagener 2007: 138).

Das moderne Subjekt, so konstatieren diese Theorien, wird durch das Blickregime (*gaze*) konstituiert, ein ortloses und allmächtiges ‚Gesehen-Werden' durch einen Blick, der keinen Ursprung und keinen Träger zu haben scheint.

Das Paradigma des Auges, das in *Submission* durch den Blick der Protagonistin, die *close-ups* auf ihre Augen und die schwarze Rahmung und damit die Betonung der Augen (als ‚Sehgeräte') durch den Schleier deutlich wird, spielt sowohl mit der Dichotomie von Sehen und Gesehen-Werden als auch mit dem orts- und subjektlosen Blick, d.h. der Kameraperspektive, die dem Blick Allahs gleichzukommen scheint. Darüber hinaus werden der Film und seine okularzentristische Fokussierung von einem weiteren Paradigma durchkreuzt: dem des Körpers.

Anstatt zu diskutieren, ob die Darstellung der halb-nackten Muslima ein Akt der Emanzipation darstelle oder sich doch lediglich in ein objektivierendes, ‚männliches' Blickregime einschreibe, das es eigentlich kritisieren wollte, sollte die Frage auf ein ‚Wie' der Darstellung, auf die bereits erwähnten strukturellen Filmspuren der geschlechtsspezifischen Subjektkonstitutionen gelenkt werden. *Wie* wird ‚der' Körper in seiner Nacktheit in dem Film funktionalisiert? Und *wie* verhält er sich in seiner Darstellung zu dem cineastischen Paradigma des Auges?

Der halb-entblößte Körper der Protagonistin fungiert als Medium.[59] Auf und in ihn eingeschrieben erhält der Koran in seiner schriftlichen

59 Der Begriff soll hier in Anlehung an Beltings Verständnis vom Körper als Medium verstanden werden: „Die Frage nach Bild und Medium führt zum

Form seinen Auftritt. Der Körper fungiert demnach als eine Art Leinwand, auf dem sich die Suren des Korans zeigen können. Fast sinnbildlich wird hiermit die bereits angesprochene metonymische Verquickung von Frauenkörper und einer Identitätskonstruktion ‚des' Islam verdeutlicht. Während die Schrift, die ‚den' Islam symbolisiert, diesen lesbar und sichtbar werden lässt und der verschleierte Frauenkörper ebenso eine symbolisierende Funktion einnimmt, treten bei ihrem Zusammentreffen (dem von Körper und Schrift, von Islam und ‚Weiblichkeit') Wunden auf der Haut auf.

Haut offenbare das Verhältnis von Innen und Außen, von Übergang und dem Ungewissen. Sie evoziere immer schon den Einschnitt, die Narbe, die Wunde, so Elsaesser und Hagener. Auf der Haut spielen sich Dramen von Verstecken und Zeigen, von Scham und Verletzlichkeit ab (Elsaesser/Hagener 2007: 142).

Haut als Thematisierung im Film (ver)führt nicht nur den Kamerablick zur Großaufnahme, zu *close-ups* des Körpers, den sie umspannt wie zu Beginn von *Submission,* sondern verweist naturgemäß auf die Materialität des Filmes selber. Eine haptisch aufgeladene Oberfläche wie die Nahaufnahme eines Körpers bzw. der Haut des Körpers eignet sich besonders gut, um die Textur des Filmes zu symbolisieren. Die Haut unterliegt einem spannungsreichen Paradoxon von „bedeutungsleerer Oberfläche und semantisch produktiver Fläche" (Elsaesser/Hagener 2007: 147). Einerseits ist sie eine ausdruckslose Hülle, die das Wesentliche (Fleisch, Organe, Muskeln, Nerven) zu verbergen scheint, auf der anderen Seite scheint sie das Wesentliche zu sein: das, worauf sich die kulturellen und geschlechtlichen Repräsentationen einschreiben; das, was ein ‚Dahinter' evoziert und wo es doch nichts gibt als die epidermische Projektionsfläche selber. In ihrer filmischen Auftrittsfunktion verleiht sie den dargestellten Körpern aber in jedem Fall einen größeren Bedeutungsraum in der Beziehung von Leinwand und Zuschauer (vgl. Elsaesser/Hagener 2007: 147).

Ohne in die Tiefen der Dermatologie einsteigen zu wollen, soll aus diesem kurzen Exkurs der Status des Körpers/der Körperlichkeit im Gegensatz zur Stellung des Auges herausgearbeitet werden.

Körper zurück, der nicht nur, kraft seiner Imagination, ein „Ort der Bilder", sondern auch, mittels seiner äußeren Erscheinung, ein Bildträger gewesen und geblieben ist" (Belting 2001: 34).

Wenn der Körper lange Zeit auf seinen Status als Träger von Sprache reduziert worden ist, wird er in *Submission* selbst zur Botschaft. Die Schrift und der Körper verweisen nicht aufeinander, sondern auf etwas Drittes (den Islam als Religion) und stehen gleichzeitig für sich selbst. Die Suren sind in Arabisch verfasst und für das holländische Publikum nur in Einzelfällen inhaltlich entzifferbar. Die Schriftzeichen können demnach von einem westlichen und nicht-muslimischen Publikum als arabische Schriftzeichen identifiziert werden, ihr Bezug zum Koran bzw. zum Islam ist nicht eindeutig. Sie brauchen den Untergrund der nackten und vor allem verwundeten Haut der dargestellten Körper, um sichtbar und lesbar zu werden in ihrer Referenz auf die heilige muslimische Schrift. Verschleierung, Verletzung und arabische Verse bedienen die bereits vorhandenen Stereotype ‚des' Westens. Wenn die Haut die Materialität des Filmes selber symbolisiert, dann funktioniert die Referenz auf den Koran erst im Zusammenspiel mit dem verletzten bzw. dem halb-entblößten/halb-verschleierten Frauenkörper.

Da es sich im Film allerdings um drei unterschiedliche Körper/Haut-Bilder handelt, muss in einer Analyse des Zusammenspiels von Körper/Haut und Schrift stärker differenziert werden. Im Film treten auf: Schrift auf dem Stoff eines vollkommen verschleierten Körpers, Schrift auf einem unversehrten Körper unter einem durchsichtigen Schleier und Schrift auf einem versehrten Körper ohne Schleier.

Nur auf dem gänzlich verschleierten Körper wird die Schrift auf den schwarzen Stoff des Schleiers statt auf die nackte Haut projiziert. Dies macht einen signifikanten Unterschied zu der Schrift auf der Haut, die unter dem changierenden Schleier der betenden Erzählerin hervorschimmert, aus. Schleier wie Haut dienen in beiden Fällen als Leinwand, als Projektionsfläche, auf die sich die Botschaften ‚des' Islam, seine Suren, eingeschrieben haben. Beide unterliegen dem strukturellen Paradoxon, zu verbergen und gleichzeitig zu enthüllen, zu tarnen und sichtbar zu machen, zu bedeuten und auf etwas Mögliches ‚dahinter' zu verweisen. Die Koransure auf dem Schleier macht den Schleier zu einer Projektionsfläche, ohne die Frage nach dem ‚Dahinter' zu provozieren. Hinter der Leinwand ist nichts, entscheidend ist, was sich auf ihr abspielt. Der verschleierte Körper, so wie bereits im ersten Kapitel dieser Arbeit erläutert, steht in metonymischer Funktion für ‚den' Islam. In diesem Fall wird wiederum der verschleierte Körper selber zum Wirt eines Zeichens gemacht, das ebenfalls ‚den' Islam symbolisieren will. Es handelt sich demnach lediglich um eine Verstärkung des Verweisens auf die muslimische Lehre.

Die sichtbare Haut der versehrten Körper hingegen macht durch ihre Wunden und Narben auf ein ‚Dahinter' aufmerksam. In diesem Kontext dient die Haut einem externen erzählerischen Anliegen (dem über die Gewalt im Namen ‚des' Islam) und nicht einem ästhetischen oder kommunikativen Anliegen. Wenn Haut auch als Grenze zwischen einem Innen (des Selbst, des Subjekts) und einem Außen (der Umgebung, des ‚Anderen') und damit als Schutz vor Angriffen und Zerstörung gelesen werden kann (vgl. Scholz/Surma 2008: 8), dann weisen die Narben auf eine Überschreitung dieser Grenze hin. Ebenso wie im Kapitel zuvor angesprochen, liegt auch die ursprüngliche Bedeutung des muslimischen *Hijab* in der Funktion eines Vorhanges, der religiöse und nicht-religiöse Sphären voneinander trennt. Und auch die ethymologische Herleitung des englischen Begriffs *screen/Schirm* verweist auf seine ursprünglich protektive Bedeutung. Wenn die Haut nun für die Materialität des Filmes selber steht und verletzt ist und somit nicht mehr schützt, verschwimmt die Grenze zwischen Innen und Außen. So schützt dann auch der *screen* nicht mehr, löst die Distanz zwischen Leinwand und Zuschauer ein Stück weit auf. Der Blick des Zuschauers tritt ein in das Geschehen des Films, wird zur zweiten Verletzung des bereits misshandelten Körpers. Das Sehen wird somit selbst taktil, als ob die Betrachtenden den Film mit den eigenen Augen berühren würden: Laura U. Marks nennt dies die „haptische Visualität" (Marks zit. nach Elsaesser/Hagener 2007: 158).

Bei der betenden Protagonistin hingegen werden gleich zwei Projektionsflächen bedient, die aufeinander zu verweisen scheinen. Ihr Schleier, der durch seine durchsichtige Vorderhälfte seine Funktion der Verhüllung, des Schutzes vor Blicken etc. verloren hat, verliert auch ein Stück weit an seiner Symbolkraft, nämlich der, für eine muslimisch religiöse Praxis zu stehen. Der Schleier als Zeichen ist somit wortwörtlich ‚durchsichtig' geworden. Er eignet sich nicht mehr als Projektionsfläche von Bildern, Vorstellungen und Ideen über ‚den' Islam, die auf ihn projiziert werden könnten. Sich in diesem Sinne zu ‚öffnen' und dennoch Schleier zu bleiben, zu signifizieren und sich der eindeutigen Bedeutungszuweisung gleichzeitig zu entziehen, kommt nicht einer Entschleierung gleich, sondern lenkt den Blick und die Neugier auf das ‚Dahinter'. Ihre Figur scheint eben dies zu verkörpern: die ewig währende Frage nach dem, was der Schleier per se verbergen zu haben scheint. Als Antwort wartet dort die Haut, die ‚lesbar' wird.

Während Haut allgemein im Film als Zeichen für *race, class and gender* im Sinne einer traditionellen Vorstellung von Repräsentation benutzt werden kann, stellt sich die Repräsentation von *religion* über die Haut als weitaus komplizierter dar. Der Schleier wird zur zweiten Haut, die zur Repräsentation von *religion* bzw. ‚des' Islam werden kann. Die Haut der Darstellerinnen bedarf in *Submission* des Hilfsmittels Schrift, um wortwörtlich ‚lesbar' zu werden.

Submission will in der Tradition des liberalen Feminismus etwas zur Sprache bringen, was von ‚den' betroffenen Frauen selber nicht artikuliert werden kann, so die Annahme, die sich aus dem Konzept des Filmes herauslesen lässt. Dass diese Frage von *agency* und Stimme keine unproblematische ist, hat Gayatri Spivak in ihrem viel beachteten Aufsatz *Can the Subaltern speak?* (Spivak 1988) auf den Punkt gebracht. Spivak diskutiert dabei speziell die Frage von *ageny* und *voice* von Frauen aus der so genannten ‚Dritten Welt.' Sie gibt zu bedenken, dass der Rettungsversuch der verlorenen Stimmen der subalternen Subjekte immer das Risiko eingeht, sich in ein essentialistisches, westliches Modell von Subjektivität einzuschreiben, das die subalternen Frauen stumm hält, weil sie in Elitediskursen nie in angemessener Weise repräsentiert werden können (vgl. Grace 2004: 23).

Spivak geht es also lediglich darum, das Schweigen der subalternen Frauen zu dokumentieren, keinesfalls aber den Versuch zu wagen, eine Gegengeschichte zu schreiben. Dabei spricht sie gerade nicht, wie ihr so oft vorgeworfen wurde, den subalternen Frauen ihre Handlungsfähigkeit ab. Wie Kamala Visweswaran (vgl. Visweswaran 1994: 69; Nandi 2011: 129) deutlich gemacht hat, sind „Sprechen" und „Handeln" nicht austauschbar. Wenn ‚die' subalterne Frau sich erfolgreich gegen Unterdrückungsmechanismen gewehrt hat und trotzdem im Diskurs als Opfer wieder auftaucht, wird sie gerade, indem ihr eine Stimme verliehen wird, zum Verstummen gebracht (siehe Eingangsbeispiel der stummen Burka-Trägerin in der Anzeige des *Sterns*).

Es ist die Annahme, dass die Unterdrückung der Frauen ein globales Phänomen sei, die sowohl bei Spivak als auch bei Mohanty unter Kritik steht[60]. In Mohantys kritischer Dekonstruktion der Universalisierungs- und Essentialisierungsstrategien der *western feminist theory* geht es darum, die privilegierte Position von Geschlechterdifferenz, die diese als Ursprung der Unterdrückung einnimmt, zu kritisieren. In der analytischen Strategie, die Mohanty kritisiert, werden Frauen als Gruppe per se als machtlos gesetzt und als Opfer dargestellt. Der Kontext wird erst nach der Tatsache, dass Frauen als Gruppe immer schon Opfer sind, spezifiziert. Dieser Ansatz geht davon aus, dass Männer und Frauen bereits als geschlechtlich-politisches Subjekt konstituiert sind, bevor sie in die Arena sozialer Beziehungen überhaupt eintreten und übersieht dabei, „that women are produced through these very relations as well as being implicated in forming these relations" (Mohanty 2003: 56).

Das politische Projekt, welches hinter dem Kurzfilm *Submission* steht, nämlich die Forderung eines Endes der „Toleranzpolitik" in den Niederlanden, (ge)braucht einen „strategischen Essentialismus", wie ihn Spivak in die postkoloniale feministische Theorie eingeführt hat. „Strategischer Essentialismus", verstanden als ein in bestimmten Kontexten Zurückgreifen auf essentialistische Diskurse, darf keinesfalls mit einem „echten" Essentialisieren verwechselt werden, sondern wird vielmehr als strategische politische Positionierung für die Durchsetzung/

60 Diese Annahme muss sich einer Methode bedienen, die ihre Aussage über ein universelles und kulturübergreifendes Prinzip von männlicher Herrschaft und weiblicher Ausgebeutetheit demonstrieren kann. Mohanty unterscheidet in ihrer Kritik verschiedene dieser *methodological universalisms*. So funktioniere eine Möglichkeit solch eine universalistische Annahme stark zu machen, nach einer arithmetischen Methode, so Mohanty: Je höher die Anzahl der Frauen, die einen Schleier tragen, desto universeller sei die Geschlechtertrennung und die Kontrolle über die Frauen. Zur Bestätigung dieser universellen Methode zählen dann natürlich (wie Mohanty etwas polemisch ausführt) jegliche Form des Schleiertragens von Saudi Arabien bis Indien, unabhängig von kulturellen oder Klassenunterschieden, die mit der jeweiligen Art und Weise ‚des' Schleiers einhergehen (Mohanty 2003: 62). Nicht die Feststellung, dass die Anzahl der Schleierträgerinnen weltweit zunimmt, ist es, die Mohanty kritisiert, sondern die generalisierende Verbindung zwischen der Praxis der Verschleierung und der Annahme ihrer universellen Bedeutung für die Unterdrückung ‚der' Frau.

Erlangung bestimmter Rechte von Spivak gerechtfertigt (vgl. Nandi 2011: 125).

Eine ähnliche generalisierende Analogsetzung (wie die von Mohanty kritisierte) von Verschleierungspraxis und Unterdrückung ,der' muslimischen Frau könnte *man* auch *Submission* unterstellen. Der Film schreibt sich ein in die Re-Produktion muslimischer, verschleierter Frauen als Opfer, um die politische Botschaft, die er transponieren möchte, stark machen zu können.

Die Körper der Darstellerinnen sind, wie bereits erwähnt, ausgestellt in ihrer Verwundbarkeit. Die Protagonistinnen werden zwar in ihren Einzelschicksalen vorgestellt, ihre Leidensgeschichten werden aber lediglich einer totalisierenden Gruppenidentität Islam zugeordnet. Ihre Geschichten werden weder in einem kulturellen noch zeitlichen Kontext verortet. Was sie eint, ist ihr Geschlecht und ihr Glaube, woraus der Film eine verbindende Konsequenz konstruiert: die körperliche Gewalt, die sie erleiden mussten.

In keinem Fall möchte ich die Gewalt, die an Frauen ausgeübt wird, herunterspielen oder die Thematisierung von häuslicher Gewalt kritisieren. Vielmehr möchte ich die Verallgemeinerung *eines* innerhalb der Gruppe der Muslima universellen muslimischen Frauenschicksals kritisieren, das exemplifiziert wird am verschleierten Körper bzw. dem, was sich an Zeichen der Gewaltausübung unter dem Schleier zu befinden scheint. Die undifferenzierte Verlinkung von Islam und körperlicher Gewalt an muslimischen Frauen schreibt den kolonialen Diskurs über ,den gewalttätigen muslimischen Anderen,' dessen Frauen gerettet werden müssen, weiter. Darüber hinaus lässt der Film die Frauen, die eigenntlich zu Wort kommen sollen, verstummen, indem er sie als stereotype Opferrollen repräsentiert.

4.2 *The Veiled Monologues* - Muslimischer Subdiskurs zwischen Sexualität und Religiosität

> *„My vagina has no need to go to Mekka."*
> *(TVM, 39)*

Auch in dem Drama *The Veiled Monologues (TVM)*[61] geht es um das Sehen und Gesehenwerden: um Blickwechsel, um Verletzungen durch Blicke, um penetrierende Blicke, um die Reaktionen der dargestellten muslimischen Frauen auf den ‚berührenden Blick' des männlichen Auges. Und ebenso geht es darum, einen Subdiskurs zu lancieren, der bisher in der europäischen Öffentlichkeit weitestgehend ungehört geblieben ist. Es handelt sich um einen ‚weiblich, muslimischen' Subdiskurs, dem Adelheeid Roosen, eine niederländische Theatermacherin und Schauspielerin, mit *TVM* eine Bühne geben will. Ihre Anlehnung (zumindest im Titel) an Eve Enslers *The Vagina Monologues*[62] macht deutlich, dass es sich bei *TVM* nicht ‚nur' um die dramatisierten Alltags- und Lebenserfahrungen von in den Niederlanden lebenden Frauen mit ‚muslimischem Hintergrund' handelt. Roosen sieht ihre Aufgabe vielmehr darin, das bis dato wenig thematisierte und nahezu tabuisierte Zusammenspiel von Islam und Sexualität zu beleuchten. *Submission* hat sich mit seinem Zusammenspiel von Weiblichkeit und Islam in einen Feminismus eingeschrieben, der ein universelles muslimisches Subjekt ‚Frau' konstituiert, das per se in seinem Opferstatus gekennzeichnet sei. Wie die folgende Analyse von *TVM* zeigen soll, bietet das Drama ein differenzierteres Bild einer muslimisch-weiblichen Lebens- und Begehrenswelt in den Niederlanden, (fast) ohne in die Falle einer Universalisierung ‚der' verschleierten Muslima zu tappen.

> *„I wear a veil, which protects me. I don't want anything to do with them. Because they stare. They want to pry me open with their eyes." (TVM, 27)*

---

61 Bei der Analyse von *TVM* handelt es sich im Rahmen dieser Arbeit um eine Dramenanalyse und nicht um eine Aufführungsanalyse, wobei naturgemäß die Dramenanalyse nicht im Sinne einer literaturwissenschaftlichen Dramenanalyse ausfallen soll, sondern als in der Theaterwissenschaft verwurzelte Arbeit immer den Aufführungsmodus mitdenken und -thematisieren wird.

62 „Die Vagina Monologe" ist ein Theaterstück, das auf dem Buch der Theaterautorin Eve Ensler beruht. Die Monologe sind aus Interviews mit über 200 Frauen entstanden. Ensler, Eve. *Die Vagina Monologe*. München: Piper, 2005.

The Virgin of the Shopping Mall, deren Worte es sind, die in diesem hier angeführten Monolog auftauchen, spricht von der Gewalttätigkeit, die *ihre* Blicke auf sie ausüben. *Sie,* das sind die Männer, denen sie begegnet, wenn sie auf ihrem Weg zur Universität durch das Einkaufszentrum ihrer holländischen Heimatstadt Helmond läuft. Einem Brecheisen gleich scheinen die Blicke sie aufstemmen zu wollen („pry me open"). Ihren Schleier trägt sie zum Schutze vor der visuellen Brachialgewalt dieser Männer.

Und doch machen diese Blicke sie neugierig: „But they also intrigue me. Why don't I dare defy those eyes?" (*TVM*, 27). Sie berichtet, was allein der Gedanke an ein „Zurück-blicken" ihr an körperlichen Reaktionen bereitet: „As if I'm blushing down there" (*TVM,* 27). Sie fühlt sich stärker verängstigt von ihren eigenen Körperreaktionen (*hot and damp*) als von den männlichen Blicken, die ihren Körper streifen. Ihr Körper scheint den Regeln, die sie sich im Kopf aufsagt, nicht entsprechen zu wollen: „When the gaze of a man searches your body, be chaste and cast your eyes down" (*TVM,* 27).

Dies würde die Konzeption der Blick-Theorie unterstreichen, die den Blick immer als einen männlichen konnotiert (vgl. Mulvey 2009[1989]), den Mann als Träger des Blickes liest und die Frau zu dessen Bild werden lässt. Neuere Ansätze vor allem aus den Reihen der feministischen Filmtheoretikerinnen wie Teresa de Lauretis, Mary Ann Doane und Linda Williams sprechen aber den Zuschauerinnen die Fähigkeit zu wechselnden Blickpositionen zu. In einer Art *double-identification* können sie sich zugleich mit aktiven und passiven Subjektpositionen identifizieren. Dies mache den „weiblichen Blick" aus. Und auch die weibliche Figur innerhalb des Filmes kann sich wechselnder Positionen bedienen: Sie kann sowohl *spectacle* sein als auch *spectator* (vgl. Elsaesser/Hagender 2007: 150ff.).

Eben diesen Wechsel in den Positionen, der eine spezifische Handlungsmöglichkeit mit sich zu bringen scheint, vollziehen einige der Protagonistinnen in *TVM,* so auch *The Virgin of the Shopping Mall.* Bei ihrem Positionswechsel vom *spectacle* (Objekt der Blicke der Männer in dem Einkaufszentrum) zum *spectator* handelt es sich aber nicht um eine Erwiderung der Blicke der Männer, denen sie zuvor aus dem Weg gegangen ist, sondern um ihren Blick auf sich selbst, auf ihr Geschlechtorgan. Sie wird zum *spectator* ihrer eigenen Sexualität (bzw. dessen was pars pro toto dafür steht):

„I saw rims of pink between my black, curly pubes. I saw a piece of flesh-colored lip. And one more fragment with my own dark eye, glistening with panic." (TVM, 28)

Die Schwierigkeiten, die ihr dieses ‚Sehen' bereitet („Glistening with panic"), verdeutlicht, dass es sich hierbei nicht um ein reines Betrachten ihrer weiblichen Geschlechtsteile handelt, sondern um das (An)Erkennen der eigenen Sexualität, des eigenen sexuellen Begehrens, wofür ihr Objekt der Betrachtung steht. Das Er-kennen ihres Körpers wird zu einem Prozess, der mit einer Ohnmacht, also einem Nicht-Sehen-Können („Everything turned black"), beginnt, sich über ein Sich-Selbst-Nicht-Erkennen-Können („I looked so strange") streckt bis hin zum Gefangensein vom Blick auf „das Verbotene Fleisch" („My eyes were captured by the bizarre mosaic of the cracked mirror"). Sie fragt sich selbst, ob es ihr möglich sei, mit ‚reinem' Blick auf ihre Nacktheit zu schauen, und dass sie diesen Blick wagen müsse, weil sie sonst kaum jemals den begehrenden Blick eines Mannes ‚erkennen' könne. All dies verdeutlicht, wie eng dieser Blick auf sich selbst mit einem unbekannten eigenen Begehren verbunden ist. Das Begehren des Mannes hat eine Sprache, so in diesem Fall die Blicke. Diese Form des Begehrens ist für die *Virgin of the Shopping Mall* erkenn- und lesbar.

Ihr eigenes Begehren, mit Luce Irigaray gesprochen „weibliches Begehren,"[63] ist ihr bis dato unbekannt. Es scheint keine Sprache zu haben, sie kann es nur ausdrücken, indem sie ihre körperlichen Reaktionen auf die sexuell aufgeladenen Blicke der Männer beschreibt. Ihr Monolog lässt sich lesen wie die Erfindung eines weiblichen Begehrens in irigarayscher Manier. Nicht von ungefähr kommt das Motiv der betrachteten Schamlippen in diesem Monolog auf, die bei Irigaray den lacanschen Phallus ersetzen und zur Metapher einer genuin weiblichen Fähigkeit von Lust und Kreativität geworden sind (vgl. Berger 1998).

63 Lacan nennt das Begehren die nicht einholbare Differenz zwischen Signifikant und Signifikat in der symbolischen Ordnung, die nie deckungsgleich sind, ein Begehren also nach Ganzheit, das seinen Ausdruck in der Sprache findet. Frauen werden nach Lacan zu Objekten in der phallogozentrischen Ordnung. Sie befriedigen das männliche Begehren und haben demnach kein eigenes Begehren. Luce Irigaray hat dagegen ein weibliches Begehren (*parler femme*) entwickelt, das schon aufgrund der Natur der weiblichen Sexualorgane vielfältig ist (vgl. Schrader 2002: 36).

Die visuelle Schamlippen-Erkundungstour der *Virgin of the Shopping Mall* als Prozess der Erkenntnis des eigenen Begehrens wird durch die Stimme Allahs begleitet. Damit tritt zu dem (zu Recht dem Vorwurf der Essentialisierung unterliegenden) ‚Weiblichen' des Begehrens das Merkmal des Religiösen hinzu, das ein wichtiger Faktor für ihre sexuelle Identität zu sein scheint. Die Stimme Allahs in ihrem Kopf spricht die Sexualität von der Sünde zwar frei, aber verortet diese innerhalb der sozialen Bindung der Ehe. Die Beschreibung der Panik, der körperlichen Abwehreaktionen, die sie erfährt, während sie ihren Intimbereich betrachtet, bekommt durch ihre Fürsprache mit Allah eine eindeutige Verortung in ihrer Religiosität. Dass Sexualität und Islam für sie allerdings keinesfalls einen Widerspruch darstellen müssen, sondern vielmehr für sie zusammengehören, betont sie, indem sie ihre neu errungene Er-Kenntnis über ihren Körper als eine Einheit von ihrer Nacktheit und ihrer Spiritualität beschreibt:

> *„I want to melt with a man, who like me perceives my body, smy nakedness, and my spirit as a unity."* (*TVM*, 29)

So hat sie am Ende zwar ‚gesehen' („So I looked, at last, for the first time at the fragment with the dark-colored stain of flesh" (*TVM*, 29)), kann aber ihr sexuelles Begehren in Kombination mit ihrem Glauben nur in einer Ehe ausleben, in den Normen, die ihre Kultur (in diesem Fall ihre Religion des Islam) ihr vorschreibt. Wie es auch El Guindi für die Beziehung von Sexualität und Islam beschreibt:

> *„There (in Islam, LS) is no contradiction between being religious and being sexual. Sex is to be enjoyed in socially approved marriage. However, outside marriage, behaviour between men and women must be desexualized."* (El Guindi 1999: 589)

Der Sex[64] als das „spekulativste, das idealste, das innerlichste Element in einem Sexualitätsdispositiv" ist nach Foucault so realitätsmächtig, dass er den Grundstein für das Selbstverständnis, das Verständnis der Identität und des eigenen Körpers eines jeden Menschen bilde. Foucault hat deutlich gemacht, welch große Rolle die (westliche) Sexualität durch das Zusammenspiel ihrer Erforschung und anderer gesellschaftlicher Institutionen und Praxen bei der persönlichen Konsti-

64 Foucault versteht dabei unter „Sexualität" ein geschichtliches Dispositiv, ein „Oberflächennetz" auf dem sich Wissens- und Machtstrategien über Lüste und Körper formieren (vgl. Ruoff 2009:183).

tuierung von Identität bedeutet (zit. nach Jensen 2009: 130). Geschlecht und Sexualität eines Individuums folgen demnach gesellschaftlichen Vorgaben, die sich im Fall der *Virigin of the Shoppig Mall* und der anderen Protagonistinnen aus *TVM* aus der Einhaltung oder der Umgehung der Vorgaben ‚des' Islam ergeben. Ob sie ‚den' Islam ihre Sexualität, ihre Lüste bestimmen lassen, sich von ihm inspirieren oder von seinen Vorgaben abweichend begehren, sie alle thematisieren die Beziehung ihres Glaubens und ihres körperlichen Begehrens.

Die „geschlechtsbasierte soziale Differenzierung" (Jensen 2009: 132) beruht auf vermeintlich sichtbaren Indikatoren zur Einteilung von Mann und Frau, wie die ausführliche Betrachtung ihres weiblichen Geschlechtsorgans im zuvor analysierten Monolog deutlich gemacht hat. Indem sie ihr Geschlecht betrachtet, es ‚zum ersten Mal' sieht, wird sie zur ‚Frau'. *Das* ist es, was die männlichen Blicke glauben zu sehen, wenn sie sie anschauen, die sichtbaren Indikatoren, die sie von ihnen, den Männern, unterscheidet.

Die „sexualitätsbasierte soziale Aufteilung" (Jensen 2009: 132) in hetero- und homosexuelle Menschen wiederum betrifft stärker die Sphäre des Unsichtbaren: So lässt sich Sexualität zwar durch bestimmte Gender-Aufführungen deuten, wie Butler argumentiert hat (bspw. *butch-Lesben*). Die meisten homosexuellen Genderrollen gehen jedoch nicht in derartigen optischen Aufführungsmodellen auf, wie es das Gegenbeispiel der *femme-Lesbe,* die durch sehr feminines Auftreten visuell von einer femininen heterosexuellen Frau nicht zu unterscheiden ist, verdeutlicht (Jensen 2009).

Gender und Sexualität unterliegen demnach nicht nur verschiedenen sozialen Praxen, sondern auch unterschiedlichen Möglichkeiten in Fragen der (Un)Sichtbarkeiten. Dies kann auch wieder über das Verhältnis von Blickregime und weiblichem Geschlechtsorgan verhandelt werden, wie der Monolog der *Garçon Manqué* es verbildlicht.

Die *Garçon Manqué,* eine lesbische Muslima mit marokkanischen Wurzeln, versinnbildlicht die Frage von Sichtbarkeit und Sexualität mit ihrem sprechenden Namen des „verfehlten Jungen." Eine lesbische Frau als „verfehlten Jungen" zu bezeichnen, heißt, sie in ihrem Begehren einem heterosexuellen Mann gleichzusetzen. Diese Vorstellung entspricht dem Modell der „Inversion," wie es Jensen in Anlehnung an E. K. Sedgwick erläutert. Diese Vorstellung geht davon aus, dass eine lesbische Frau eine männliche Seele in einem weiblichen Körper besitzt und dadurch das Ideal der Heterosexualität innerhalb der Form des Begehrens bewahrt (Jensen 2009: 132).

Gleichzeitig ruft der Name einen ganzen Topos der psychoanalytischen Theorie auf: den des Mangels (*manque*).[65] Da das weibliche Genital in der psychoanalytischen Theorie und vor allem unter dem Paradigma der Sichtbarkeit häufig mit Mangel gleichgesetzt wird (*nothing to be seen*) erscheint die Frau als negativ konnotiertes Wesen, was in einem patricharchalen System zum Ausschluss von Machtprozessen etc. führt (Horlacher 2002: 246). Luce Irigaray hat versucht mit ihrem Konzept des Mimikry und dem einer weiblichen Libido gegen dieses Verständnis von Weiblichkeit als Mangel entgegenzuarbeiten, indem sie dem Symbol des Phallus die Symbolkraft der weiblichen Schamlippen gegenüberstellt. Sie werden bei Irigaray zur Metapher der weiblichen Fähigkeit zu vielfältiger und heterogener Lust (Schrader 2002: 192).

Die *Garçon Manqué* bezeichnet sich selber als „100% Muslim." Ihre Homosexualität stellt für sie kein Hindernis in der Ausübung ihres Glaubens dar, sie hält Ramadan und liest im Koran: „I read these books, never came across the word homo. I can look, sure, for you!" (*TVM,* 30) Statt ihre Sexualität und die Auslebung ihrer Sexualität den Vorschriften des Korans anzupassen, passt sie die Lesart des Korans an ihre Sexualität an: „Nobody knows what it means. It is how you read it." (*TVM,* 30) Und ebenso wenig scheint sie dem Inversions-Modell oder ihrem Spitznamen in ihrem Begehren gerecht zu werden. Vielmehr lassen sich in ihren Äußerungen Betonungen irigarayscher Manier herauslesen: von einem positiven Verständnis des weiblichen Körpers, einer frauenbezogenen Ästhetik und der Identitätssuche in frauenbezogenen Zusammenhängen, um so das männliche Begehren zu umgehen: „I look into another coont, and I see myself" (*TVM,* 31).

Irigaray erklärt die zu ihrer Zeit vorherrschende Charakterisierung der weiblichen Genitalien als „nothing to bee seen" durch das Verständ-

---

65 Nach Lacan wird durch die spekuläre Erfahrung des Imaginären im Spiegelstadium ein *manque dans l'Autre* manifest. Die Mutter wird als kastriert erkannt und als ebenso dem Mangel unterworfen wie das Subjekt, das erkennt, dass es der Mutter nicht Phallus sein kann.

nis von Sichtbarkeit (*visibility*) als nicht nur der Beweis, sondern sogar die Bedingung für Anwesenheit: „(...) in other words, the very mode of presentification of presence" (Berger 1998: 95). Dieses Verständnis von Präsenz kann sich nur manifestieren und konfirmieren in dem widerspiegelnden Moment der Repräsentation, in seinem „phallomorphic imaginary." Sichtbarkeit wird somit nicht nur zur Bedingung für Präsenz, sondern auch zur Bedingung für *specularization*. Der Mangel der Frau, die Unsichtbarkeit ihrer Genitalien, stellt aber in der Psychoanalyse in jedem Fall eine Gefahr für den Mann dar, sie wird zum sichtbaren Zeichen einer permanent drohenden Kastrationsgefahr, an die sich der Mann erinnert, wenn er die Frau betrachtet. Um diese drohende Gefahr auszuschalten, gilt es das ‚Unsichtbare' unsichtbar zu machen. Dies kann entweder zum Fetischismus führen, der die potentielle Kastration verleugnet, oder zum Verhüllen der Frau, das die Kastriertheit der Frau verleugnet:

> *„In any case, the complex of castration sets off both the vivious circle of the ‚invisibilization' of women, since the threatening invisibility of the girl's genitals is covered up by a ‚veil' which both cancels and doubles it (...)."* (Berger 1998: 96)

Wenn die *Garcon Manqué* in *TVM,* indem sie das weibliche Genital ihrer Freundin betrachtet, sich selbst sieht, also nicht selber als Spiegel im Sinne einer phallischen Ordnung funktioniert[66], sondern ‚sich selbst' imaginieren kann in dem weiblichen Gegenüber, verschreibt sie sich dieser Möglichkeit, die Irigaray in weiblicher Homosexualität gegeben sieht (vgl. Irigaray „The Blind Spot"; Berger 1998). Das wechselseitige Spiegeln zwischen Frauen beruht auf Irigarays Interesse an der Opazität ‚der/des Anderen.' Das Spiegeln in der Anderen kann eine erste Erfahrung der eigenen Opazität bieten: „Mirroring between women, as Irigaray conceives it, enables them first and foremost, to stroke their own opacity" (Stockton 1994: 54). Der Fokus in Irigarays theoretischer Konzeption liegt demnach nicht unbedingt auf einem „women-among-themselves" als vielmehr darin, Frauen in Berührung mit ihrer *self-affection* zu bringen, von der sie unabänderlich abgeschnitten sind. Homosexuelle Lust und Auto-Erotik liegen in ihrer Konzeption dicht beieinander bzw. überschreiben sich. Die Gefahr des irigarayschen *feminine mirroring* liegt in der Ausblendung der Differenzkategorien *race,*

---

66 Nach Freud sieht das Mädchen sich selbst auf die Art und Weise, wie der Junge sie sieht (als kastriert). Sie spiegelt den männlichen Blick auf sich selbst, ihren Mangel in seinen Augen bestätigend.

class, religion, age etc., wie Spivak in ihrer Kritik an diesem Konzept deutlich gemacht hat.[67] *Feminist mirroring* muss mit Spivak gedacht als „fractured sameness" (Stockton 1994: 57) gedacht werden, um Differenz und Hierarchie zwischen den sich betrachtenden Frauen nicht auszublenden: „Feminine mirroring, one might say, ‚speaks' a difference where there was thought to be sameness (...)" (Stockton 1994: 59).

Im Falle der *Garçon Manqué* ist es die religiöse Differenz, die zwischen ihr und ihrer Freundin („a genuine Dutch girl") betont wird.

> *„Outside everybody with head scarf and then when they come inside ... My sisters, my mother, they undress just like that in the middle of the room. And off we go to the bathroom. My woman won't join us. She stays on the couch. And when I call her, she says: Naaaa ... I'm watching the news. And she was a actual seventies feminist!" (TVM, 31)*

Die religiöse Differenz schlägt sich nieder in der Auslebung ihrer Sexualität im häuslichen, privaten Rahmen, also in der als weiblich konnotierten Sphäre, wo die Frauen ‚unter sich' bleiben. Dort, wo nach Irigaray die Gemeinsamkeit des ‚Frau-Seins' außerhalb von patriarchalen Strukturen erlebt und ausgelebt werden kann.[68] Der gemeinsame Bad-Aufenthalt der *Garçon Manqué* mit den weiblichen Angehörigen ihrer Familie, ihre Entschleierung im häuslichen Rahmen und das gegenseitige Waschen bilden nicht nur Obdach vor einer patriarchalen Öffentlichkeit, sondern auch vor einer Öffentlichkeit, in der sie als verschleierte Muslima zu einer sichtbaren Minderheit gehören. Dem Bereich des Öffentlichen, in dem sie Schleier tragen („Outside everybody with head scarf") und wo die Sichtbarkeit ihres sexuierten Körpers zurückgenommen ist, wird die Nacktheit und damit die visuelle Präsenz ihres als weiblich markierten Körpers im häuslichen Bereich gegenübergestellt („My sisters, my mother, they undress just like that in the middle of the room"). Die Verweigerung der Teilnahme an der geteilten Freizügigkeit (und damit Sichtbarkeit) durch ihre holländische Freundin wird zu *dem* Markierungspunkt einer kulturellen Differenz, der Differenz zwischen Islam und dem ‚Westen': „Sometimes I say: Islam is really more modern than Europe" (*TVM,* 31). Das ironische Auf-

67 Vgl. dazu Spivak 1981.

68 „For women to keep themselves apart from men long enough to learn to defend their desire (...) to discover the love of other women while sheltered from men's imperious choices (...)" (Luce Irigaray zit. nach Stockton 1994: 55).

greifen und Konterkarieren der stereotypen Dichotomie Westen/modern/freizügig und Osten/rückschrittlich/ verschleiert wird hier an den ‚weiblichen' Körper und die ‚weibliche' Sexualität gebunden. Freizügigkeit bedeutet modern zu sein, Prüderie ist rückschrittlich, so das nicht unproblematische Fazit der *Garçon Manqué*.

Indem sie dem öffentlich sichtbaren Symbol des Schleiers mit ihrem Monolog die Sichtbarkeit ihrer ‚Weiblichkeit' (in Stellvertretung durch ihre Geschlechtsorgane) entgegenstellt, hebt sie nicht nur die von Irigaray so betonte *female sameness* auf. Sie zeichnet mit ihrer Verknüpfung von Sinnlichkeit und Weiblichkeit mit den religiösen Praxen ‚des' Islam ein Gegenbild zu dem ‚der' unterdrückten Muslima.

Wenn eine große Anzahl der Monologe sich mit der Bereicherung, die ‚der' Islam den interviewten Frauen in Bezug auf ihre Sexualität und ihr Sexualleben gebracht hat, auseinandersetzen, behandeln andere die körperliche Gewalt, die im Namen der Religion und Kultur an den Frauen ausgeübt worden ist unter der Frage: „How can women experiment with their sexual feelings, how can they give into their longings without having to deal with terrible consequences and frightening fantasies?" (*TVM*, 34).

Thematisiert werden in diesen Monologen Zwangsverheiratungen, Vergewaltigungen durch männliche Familienangehörige und körperliche Gewalt, ausgeübt an den interviewten Frauen, die mit ihren Berichten eine patriarchale und misogyne Seite des Islams unterstreichen. Sie distanzieren ihre Konzeption von ‚Weiblichkeit' und ihre Sexualität von den Praktiken der islamischen Glaubensgemeinschaft: „My vagina has no need to go to Mecca," wie es eine von ihnen auf den Punkt bringt (*TVM, 39)*.

Ob die Erfahrungen von und die Erfahrungen mit Sexualität, von denen die Sprache ist, von Gewalt geprägt oder von Genuss gezeichnet sind, so sind sie doch alle in einen Kontext mit ‚dem' islamischen Glauben und der Glaubenspraxis gebracht. Neben den Berichten der Frauen über die positive Verbindung von Islam und Sexualität und denen der negativen Erfahrungen wird noch eine dritte gestellt. Eine, die sich nicht in erster Linie auf den Islam bezieht, sondern vielmehr auf die Ausübung kultureller Praktiken, die auf die Tradition der jeweiligen Herkunftsländer der Frauen zurückgeführt ist. So bspw. wenn von der Defloration durch männliche Familienangehörige erzählt wird, von der Erleichterung, die die Frauen empfunden haben, dadurch vorbereitet worden zu sein auf das, was in der Hochzeitsnacht kommen mag: „In Holland you would call it incest, for me it felt secure" (*TVM*, 34). Oder wenn über Genitalverstümmelung berichtet wird: Das Gefühl der Ausgeschlossenheit und Erniedrigung, das von der Betroffenen beschrieben wird, aus Somalia kommend, in Holland lebend, bezieht sich nicht, wie zu erwarten wäre, auf die körperliche Gewalt, die ihr durch die Verstümmlung ihrer Genitalien angetan wurde, sondern auf die Art und Weise, wie sie von den ‚westlichen' Frauen dafür angeschaut wird: „Their look denies me" (*TVM, 48*). Sie rechtfertigt damit in keinem Fall die Ausübung der Genitalverstümmelung, kompliziert aber wie in den meisten Monologen des Stückes das redundante Stereotyp vom evidenten Opferstatus ‚der anderen Frau.'

> *„ (...) their pity humiliates me. Circumcision is horrible, yes. But, it's me. It's who I am. It's part of my identity." (TVM, 48)*

Wenn Tom Sellar in seiner Besprechung von *TVM* hervorhebt, dass das Stück das Publikum (oder die Leser) dazu bringt, „to acknowledge and respect the women's cultural difference, even their essential strangeness" (Sellar 2007: 20), spielt er auf eben diese Betonung der kulturellen Differenz in der Identitätskonstruktion des Monologs an. Er positioniert mit seiner Aussage über das Stück dessen Rezeption in einer ‚westlichen' Theaterlandschaft und lässt die in zentraleuropäischen Öffentlichkeiten viel diskutierte Frage nach religiöser Toleranz und ihrer möglichen Funktion als Schrittmacher für einen kulturellen Pluralismus, wie es Jürgen Habermas formuliert hat, anklingen.[69] Denn so wie religiöse Überzeugungen und Praktiken entscheidend für das Selbstverständnis der Gläubigen sein können, trügen nach Habermas auch sprachliche und kulturelle Überlieferungen mit einer vergleich-

69 Jürgen Habermas hat die Frage aufgeworfen, wie religiöse Toleranz als Schrittmacher „für einen richtig verstandenen Multikulturalismus und (für) die gleichberechtigte Koexistenz verschiedener kultureller Lebensformen innerhalb eines demokratisch verfassten Gemeinwesens" wirke (Habermas 2009 : 275). Tolerantes Verhalten, nach Habermas, beziehe sich eben nicht nur auf die allgemeine Disposition zum friedlichen Umgang mit Anderen, sondern meint vielmehr „die rechtlich nicht erzwingbare *politische* Tugend von Bürgern im Umgang mit anderen Bürgern, die einer abgelehnten Überzeugung anhängen" und deren divergierende Einstellungen „ohne vernünftige Aussicht auf eine rational motivierte Einigung in Konflikt liegen" (Habermas 2009: 265).

baren Relevanz zur Konstruktion und Aufrechterhaltung persönlicher und kollektiver Identitäten bei (Habermas 2009: 275).

Bei den kulturellen Rechten, die nach Habermas aus der Ausübung religiöser Toleranz in pluralistischen Gesellschaften gestärkt werden könnten, handle es sich nach dem Vorbild der Religionsfreiheit um den garantierten Zugang zu all denjenigen Beziehungen, Traditionen und Umgebungen, die für die Ausbildung und Sicherung der eigenen persönlichen Identität wesentlich sind (Habermas 2009: 278).

Michael Walzer allerdings hat das optimistische Bild der kulturellen Ermächtigungen habermasscher Manier gedämpft, indem er darauf aufmerksam gemacht hat, dass der Nationalstaat gegenüber der Geschichte und Kultur der ihn konstituierenden Gruppe nie neutral sei. Religion und Kultur der Minderheiten, so Walzer, werden zur Kollektivangelegenheit von lediglich privater Natur, „und sie werden vom öffentlichen Kollektiv, dem Nationalstaat misstrauisch beäugt" (Walzer 2000: 220, 221).

Die Thematiken, die in *TVM* verhandelt werden, wie Partnerschaft, Ehe, Hygiene, Sexualität, ließen vermuten, dass es sich auch bei den Monologen der Muslima um eine Verhandlung eben dieser privaten Natur ihrer Angelegenheit handle. Diese Annahme geht aber dann nicht auf, wenn *man* davon ausgeht, dass gerade Körper, Sexualität, Ehe höchst wirkmächtigen Diskursen unterliegen, die den Körper zum Objekt des Wissens machen und ihn mit einer Macht ausstatten, die über das Private hinausgeht, einen Bereich der sich in seiner Charakterisierung als nicht-politischer Raum als Fiktion bzw. Konstruktion erwiesen hat.[70] Im Sinne eines Ansatzes wie „das Private ist politisch" enttarnt sich der Bereich der Intimität als kulturell definiert und von Machtstrukturen durchzogen. Die Herausforderung, die religiöse Toleranz auch immer mit sich bringt, wie es Habermas beschreibt, konzentriert sich für westliche Feminismen in Bezug auf Praktiken ‚nicht-westlicher' Kul-

70 Besonders in geschlechtertheoretischen und feministischen Diskursen spielt die Trennung von Privatem und Öffentliche eine große Rolle. Die Kritik richtet sich an die Aufrechterhaltung der Unterscheidung von privater und öffentlicher Sphäre, die einer Legitimierung und Aufrechterhaltung hierarchischer Geschlechterverhältnisse das Wort redet. Vor allem die „Veröffentlichung" des Privaten war für den realpolitischen Feminismus (in Deutschland) ein juristisches Anliegen, um die Persönlichkeitsrechte des Individuums (der Frau) in der Privatsphäre der Familie vor Misshandlung und Vergewaltigung stärken zu können (vgl. Mae 2002: 320).

turen auf eben diesen Bereich der Intimität, den Bereich der Sexualität, der Ehe, des Körpers und verdeutlicht, wie wenig privat diese Angelegenheiten sind.

Die Herausforderung in der Frage der Genitalverstümmlung[71] (und darüber hinaus naturgemäß in Fragen zu ähnlichen kulturell geprägten Praxen, die für die ‚fremden' Augen als Verletzung der Menschenwürde etc. evident erscheinen) ist eine doppelte: für ‚westliche' Feminismen stellt die Tolerierung bzw. Anerkennung einer Identitätskonstruktion, die einem im westlichen Verständnis körperlichen Gewalteingriff unterliegt, eine Herausforderung dar und für die berichtende Muslima, aus einem Kulturkreis stammend, in dem diese Praxis zur Identitätsbildung beiträgt, aber in einen Kulturkreis lebend, in dem diese Praxis nicht als Teil ihrer Identität anerkannt wird.

Interessant wird dieses Problem vor allem auch betrachtet unter dem Modell von Sichtbarkeit und Unsichtbarkeit: Ihre Bezugnahme auf die verletzenden Blicke der westlichen Frauen, die ihr eine Identität außerhalb einer Opferrolle abzusprechen scheinen („They denie me"), ‚sehen' nur das, was nicht da ist, was in Bezug auf den bereits verhandelten Ansatz Irigarays auch vor der Verstümmelung nicht sichtbar gewesen ist. Das weibliche Geschlecht als das, was unsichtbar ist, wird in seiner Unsichtbarkeit noch weiter reduziert (verstümmelt) und dadurch in einem interkulturellen Kontext wieder sichtbar: Die ‚Weiblichkeit' als das Unsichtbare wird als ‚andere Weiblichkeit', als Identitätskonstruktion ‚der anderen Frau', der Somalierin mit Genitalverstümmelung, sichtbar. Die doppelte Zurücknahme der weiblichen Geschlechtsteile führen zu einer Sichtbarkeit, die die Betroffene als die ‚Andere' sichtbar werden lässt, zu einem Preis der Essentialisierung ihrer kulturellen Identität und der Stigmatisierung eines stereotypen Opferbildes von ‚der' außereuropäischen Frau. Kommt *man* auf die eingangs angeführte Überlegung zu den Überschneidungen der Differenzkategorien Religion/Kultur und Geschlecht in Fragen der (Un)Sichtbarkeit, wird in diesem Beispiel ‚Weiblichkeit' als Differenz erst in der kulturellen Dif-

71 Genitalverstümmelung wird v.a. in ca. 28 Ländern Afrikas (obwohl in den meisten Afrikanischen Staaten verboten) praktiziert und wird zunehmend auch in westlichen Immigrationsländern meist illegal praktiziert. Sie ist keine spezifisch religiöse, sondern eine kulturelle Praxis, die in allen sozialen Schichten, verschiedenen kulturellen Gruppen und sowohl in christlichen als auch in muslimischen und jüdischen Gemeinschaften praktiziert wird (Fleßner 2002: 148).

ferenz sichtbar und die kulturelle Differenz erlangt ihre Sichtbarkeit an dem ,weiblichen' Körper.

Entscheidend ist, dass *TVM* mit seinen heterogenen Monologen ,Weiblichkeit' als innerhalb einer Kultur hergestellt präsentiert, in diesem Fall innerhalb der Kultur/Religion des Islam positioniert. Damit umgehen die Monologe die Falle, ,Weiblichkeit' außerhalb von Kultur zu platzieren, sie unschuldig gegenüber Sprache und Ideologie werden zu lassen und einem essentialistsichen Verständnis von der authentischen weiblichen Stimme oder der weiblichen Sexualität das Wort zu reden (Martin 1986: 14). Wie zuvor erwähnt, verschreibt das Stück sich damit einem Ansatz der *gender studies,* der die Vorstellung einer genuin „weiblichen Erfahrung" verwirft, sondern die Monologe der Muslima vielmehr in Beziehung zu den hegemonialen Begrifflichkeiten des Diskurses positioniert.

Was das Drama ermöglicht, ist einen muslimischen Subdiskurs, in dem die Rolle ,des' Islam in Bezug auf eine vermeintlich ,weibliche' Sexualität auf die Konstruktion von ,Weiblichkeit' überhaupt verhandelt wird. Ihm wird eine (theatralische) Öffentlichkeit gegeben und der Schleier der ansonsten *veiled monologues* für ein breiteres, möglicherweise nicht-muslimisches Publikum gehoben. Durch den Verzicht auf eindeutig festgelegte Figuren und dem stattdessen eingesetzten Konzept von ,Sprecherinnenpositionen', von denen aus die Schauspielerinnen/Sprecherinnen jeden der Monologe wiedergeben können, ohne die interviewten Frauen hinter den Berichten repräsentieren zu müssen, umgeht das Stück die normierende und essentialisierende Falle des Toleranzdiskurses, wie von Habermas beschrieben. Das Problem der Repräsentation ist damit zwar thematisiert, aber nicht behoben.

Tatsächlich gelebte Wirklichkeit kann aber naturgemäß über literarische Überlieferungen immer nur (re)konstruiert werden. Betrachtet werden können lediglich die Vorstellungen von ,Weiblichkeit/Männlichkeit' bzw. muslimischer ,Weiblichkeit', die der historische Rahmen zur Verfügung stellt. Auch wenn das Theaterstück auf Interviews mit ,tatsächlichen' Muslima beruht, kann nicht von den Monologen auf die ,tatsächlichen' Geschichten einer muslimischen Minderheit in Holland geschlossen werden.

4.3 Zur synekdochalen Funktion und Beziehung des Hymen und des Schleiers

Der Schleier als Titelgeber bleibt in den *Veiled Monologues* als Objekt weitestgehend unerwähnt und unsichtbar. Als Topos jedoch taucht er in anderer Gestalt in dem Theaterstück mehrfach auf. Wie auch die Metaphorik des Schleiers generell immer dann in der Literatur Präsenz zu zeigen scheint, wenn es um die Grenzen zwischen Wahrheit und Schein, zwischen Illusion und Desillusion zu gehen scheint. Der Schleier kann dann entweder zu dem werden, was die Wahrheit verdeckt, oder er wird „zum Inbild eines durch die Vorstellung geweckten Imaginären, in dem sich über jede Realität hinausreichend Vollkommenheit konkretisieren kann" (Oster-Stierle 2002: 19).

Für die in *TVM* verhandelte imaginäre Weiblichkeit wird ein Begriff bemüht, der in diesem Sinne als Schleier, als ‚unsichtbarer' Schleier, fungieren kann: das Hymen:

> *„I made love, and the moment a potential husband came along, I let myself be sewn up again and became a virgin once more."(TVM, 48)*

Mit der Aussage dieses Monologes wird nicht nur Virginität als Konstrukt ausgewiesen, sondern durch die Betonung des iterativen Moments dieser Konstruktion („once more") wird auf den performativen Charakter im Formungsprozess von Subjekt bzw. Geschlechtskörpern aufmerksam gemacht. Die Wiederherstellbarkeit des Hymen, das pars pro toto für die Jungfräulichkeit steht, verweist auf die Ebene der Repräsentation und kulturellen Darstellung von Geschlecht und erschüttert die Annahme eines natürlichen, vordiskursiven Geschlechts:

> *„The men make laws. We make new laws. And give the men the illusion." (TVM, 48)*

Die Gesetze der Männer, die hier gemeint sind, handeln von dem Gebot, jungfräulich in die Ehe zu gehen. Als Beweismittel für die Einhaltung dieser Vorlage fungiert das intakte Hymen der Frau bereit: „Because that's what he looks at, that is his guarantee" (*TVM*, 48). Die neuen Gesetze, die die Frauen machen, streben nicht etwa die juristische Aufhebung dieser Regel an, sondern sie unterlaufen ganz einfach die Grundannahme, auf der die Regel „der Männer" aufbaut: die Natürlichkeit des ‚weiblichen' Geschlechts. Wie im butlerschen Verständnis des Performativen[72] wird hier die Zitathaftigkeit zur Achillesferse der Geschlechtskonstruktion: Durch ständiges Zitieren und Wiederholen wird die Struktur der Normen eben nicht nur stabilisiert, sondern wird ebenso verletzlich, da die Möglichkeit des Scheiterns mit dem Zitieren einhergeht. „Das, was die Struktur der Normen stabilisiert (ihr zitathafter Charakter von Körper- und Sprechperformativen), eröffnet im selben Zuge jenes, welches sie angreifbar und instabil werden lässt" (Mahmood 2006: 200).

Die Betonung des illusionären Charakters von Jungfräulichkeit und der Rede von *charade* in Bezug auf den Akt der Defloration verstärkt den Bezug zur gewohnten Schleier-Metaphorik von Schein, Trug und Verschleierung von Wahrheit. Vom Hymen zum Schleier lässt sich noch eine weitere metaphorische Brücke schlagen. So fragt Judith Butler in ihrem Buch *Gender trouble* danach, ob eine spezifisch weibliche Geschlechterposition („feminine gendered position") durch den performativen Aspekt der „Maskerade" als ein „Verfahren der Identitätsbildung" betrachtet werden kann (zit. nach Brandstetter 1995: 338).

Maske und Maskerade als Topoi haben mit dem Begriff von Schleier und Hymen gemeinsam, dass sie das Prinzip der Unterscheidung symbolisieren. Maskerade erscheint als ein Zeichen der Differenz: „der Differenz zwischen etwas, was gezeigt wird, und demjenigen, was durch dieses Zeigen nicht gezeigt wird (...) Die Maske ist ein Prinzip der Unterscheidung, sie ist das Unterscheidende selbst" (Weihe 2004: 355).

Ganz ähnlich liest Jacques Derrida[73] den Begriff des Hymen, wenn er es als „das Dazwischen" definiert: Der Begriff des Hymen wird für ihn deshalb interessant, weil sich in ihm zwei entgegengesetzte Bedeutungen niederschlagen: „Kontinuität/Diskontinuität, Innen/Außen, Identität/Differenz" (Derrida 1995 [1972]; Culler 1988: 160). Somit wird das Hymen zu einer Grenzmarkierung oder vielmehr zur Grenze selbst, ähnlich wie die bereits diskutierte Position des Schleiers in der theologischen Ordnung[74]. Es wird zu dem Dazwischen, zu dem, was zwischen dem ‚Innen' und dem ‚Außen' der Frau steht. Bei Derrida ist das Hymen einerseits die Verschmelzung von dem Begehren und der Erfüllung des Begehrens, und auf der anderen Seite ist es in seiner Funk-

72 Vgl. Butler 1991

73 Vgl. die Besprechung von Spivak zur „Graphie des Hymen" bei Derrida (Spivak 1992).

74 Siehe die Besprechung der Graffitti-Kunst von *Princess Hijab* (Kap. 3).

tion als Membran genau das, was das Begehren von seiner Erfüllung trennt (vgl. Culler 1988: 160). Das Hymen wird zur Zurschaustellung von Differenz schlechthin und - wie Richard Weihe es für den Topos der Maskerade beschrieben hat - damit auch zum Sinnbild für das Erkennen als Differenzieren selbst (Weihe 2004: 46).

In *TVM* kulminiert dies in dem ärztlichen Blick[75], der in den ‚weiblichen' Körper geworfen wird, ausgestattet mit der Autorität und Macht, das begehrte Beweismittel zu erkennen oder nicht:

> „*(...) the doctor who looks inside the girl is able to see whether she is still a virgin or not.*" (*TVM*, 44)

Hymen wie Maske als Operation der Markierung oder als Prinzip der Bezeichnung zu denken, hieße, dass sie dasjenige sind, was Zweiseitigkeit erst konstituiert. Sie sind die Trennfläche. „Sie trennen zwischen Beobachtbarem und Unbeobachtbarem"[76] (Weihe 2004: 45). Bei diesen Überlegungen ist es unerlässlich, zwischen dem *Objekt* Hymen (Schleier, Maske) und dem *Tropus* Hymen (Schleier, Maske) zu unterscheiden. Im Anschluss an Weihe, der scharfsinnig die Frage aufgeworfen hat, wieso zwei so unterschiedliche Phänomene wie ‚sexuelle Identiät' und der Strumpf über dem Gesicht des Bankräubers als Maske bezeichnet werden (Weihe 2004: 33), soll im Folgenden zwischen Objekt und Tropus bzw. ihrem Zusammenspiel bewusst unterschieden werden.

Während in dieser Arbeit auf eine Erklärung für das Masken-Phänomen des Bankräuberstrumpfes verzichtet werden muss, ergibt sich eine Erklärung für den Zusammenhang zwischen ‚Weiblichkeit' und Maskerade aus einem psychoanalytischen Ansatz, wie ihn Joan Riviere in ihrem berühmten Aufsatz *Womanliness as a masquerade* von 1929 bemüht hat. Wenn Riviere von „Weiblichkeit als Maskerade" spricht,

75 Vgl. Foucault, Michel. *Die Geburt der Klinik: Eine Archäologie des ärztlichen Blicks*. München: Hanser, 1973.

76 Vgl. Weihe zum charakteristische Merkmal der Maskerade als die Semiotisierung der Außenseite (Beobachterseite), während die Innenseite (die Trägerseite) mit dem Aufsetzen der Maske verdeckt wird. „Entsprechend wären wir geneigt, die Innenseite der Maske mit Spencer Brown als ‚unmarked state' zu bezeichnen. Auf der Linie von Spencer-Brown läge es jedoch, die Innenseite zu markieren, die Außenseite unmarkiert zu lassen und die Maske als Operation der Markierung (Bezeichnung) zu beschreiben" (Weihe 2004: 45).

meint sie, dass Weiblichkeit immer schon Maskerade ist, dass es kein ‚Dahinter', kein Gesicht hinter der Maske gibt. Rivieres Ansatz ist zu einem strukturellen Prinzip avanciert, das vor allem von der Gender-Theorie für beide Geschlechter, für ein performatives Konstrukt von Geschlechtsidentität fruchtbar gemacht worden ist.[77]

So wie die Maske/Maskerade im Theater immer schon die Zeichenfunktion des Körpers hervorgehoben hat, verweist auch das Hymen bzw. seine Rekonstruktion in diesem Fall auf die Zeichenhaftigkeit des ‚weiblichen' Körpers bzw. auf „Weiblichkeit als Maskerade" per se.

Richard Weihe geht von zwei Modellen aus: dem der *maschera*, das die Maske zum Zeichen der Differenz macht, und dem von *prosopon/persona*, das eine Indifferenz des Differenten propagiert (Weihe 2004).

In dem heutigen modernen Verständnis von Maske (*maschera*), so Weihe, erscheinen Maske und Gesicht als Antonyme. „Die Maske ist das, was das Gesicht nicht ist. Das Gesicht ist traditionell der Ausdruck der Individualität, die Maske vornehmlich des Typus" (Weihe 2004: 36). Weihe betont, dass die Unterscheidung von Maske und Gesicht nicht nur den Grundpolaritäten von Schein versus Sein und Verstellung versus Darstellung unterliegt, sondern ebenfalls einer Hierarchisierung, die das Gesicht positiv und die Maske hingegen negativ bewertet (vgl. Weihe 2004: 36/37). Die in der Einleitung beschriebenen Diskurse zum Burka-Verbot verdeutlichen die Annahme eines solchen *maschera*-Maskenmodells: Mit der Fokussierung auf die Rolle des Gesichts in der Praxis der Verschleierung, die Verweise auf das Vermummungsverbot durch die Burka-Gegner, wird der Schleier zum Schein, zur Verstellung und damit einer dem Gesicht als hierarchisch unterlegenen Position zu geordnet, den es zu entfernen gilt.

Das *maschera*-Maskenmodell konkurriert mit dem Modell *prosopon/persona*, dem Modell der „Einheit des Unterschiedenen": *Prosopon* ist zugleich Maske und Gesicht. Dem genauen Wortsinn nach, so Weihe, heißt *prosopon*: „Das, was gegenüber den Augen (eines anderen) ist" (Weihe 2004: 36). Diese Definition trifft auf das Gesicht wie auch auf die Maske zu und akzentuiert zudem die Beobachterperspektive. Das Gesicht ist in diesem Verständnis dann immer das, was sichtbar ist; sei es das ‚natürliche' Gesicht oder die ‚künstliche' Maske.

77 Vgl. Butler 1991.

Auch der Begriff *persona* schreibt sich, so Weihe, in die Paradoxie einer „Einheit des Unterschiedenen" ein: *Persona* bedeutet ursprünglich Maske sowie Rolle auf der Bühne wie im Leben. Mit *persona* lässt sich die Maske als Person denken oder, im übertragenen Sinne, das Äußere als das Innere. Festzuhalten ist, dass *persona* dabei keineswegs mit dem Begriff *Individuum* gleichgesetzt werden darf, sondern vielmehr als „Individualtitätshülle und Identitätsumkapselung" (Weihe 2004: 354) zu denken ist, eine Hülle, die wie das Hymen permeabel ist und die Identität nicht verhüllt, sondern Teil ihrer Konstruktion ist (Vgl. Weihe 2004: 36). Die eingangs zitierte Forderung nach dem Recht auf „einen eigenen Kopf" der jungen muslimischen Demonstrandin stützt sich auf eben dieses Masken-Modell, mit dem sich, in Fragen nach ihrer Identität, Kopftuch und Kopf nicht voneinander trennen lassen.

Von der *prosopon/persona* Konstruktion von Maskerade lässt sich ein Brückenschlag zu Hans Beltings bild-anthropologischer Maskendefinition wagen. In diesem Sinne wäre die Maske als *Bild* zu verstehen. Dies ermöglicht es gleichzeitig den Bogen zu der eingangs dieser Arbeit verhandelten Körper-Bild-Theorie Beltings zu spannen:

> *„(...) die Akteur-Maske-Konfiguration (verweist, LS) auf einen anthropologischen Fund von weitreichender Bedeutung: Mittels Bilderzeugung kann der Mensch zu sich selbst auf Abstand gehen. Der Mensch kann sich seine eigene Maske aufsetzen, seine eigene Rolle konstruieren. (...) Er verwirklicht sich in der Verdoppelung durch ein Bild von sich, darin äußert sich sein Personsein."* (Weihe 2004: 14)

Es gehe dabei aber nicht um einen ‚wahren' Charakterkern, der von einer falschen und trügerischen Hülle umschlossen sei, sondern um die Erkenntnis, dass nicht nur der Kern, sondern auch die Hülle zur Identität einer Person gehören (Weihe 2004: 15).

Von Weihe und Belting ausgehend ließen sich auch die Bedenken einer Essentialisierung dessen, was sich hinter der Maske befinde, entkräften. Besonders in der Analogie des *Tropus* von Schleier und Maskerade ist häufig die Kritik an der Essentialisierung der ‚Frau hinter dem Schleier' geäußert worden:

> *„It is through the inscription of the veil as a mask that the Oriental woman is turned into an enigma. Such a discursive construction*

incites the presumption that the real nature of these women is concealed (...)" (Yegenoglu 2003: 547)

Dass allein die Annahme einer „real nature", einer gemeinsamen ‚Natur' von ‚Weiblichkeit' einem essentialistischen Irrglauben unterliegen muss, betont der ironisch anmutende Vorschlag eines interviewten Gynäkologen in *TVM* zu dem Thema der Hymen-Rekonstruktion:

> *„One of the gynecologists interviewed had a rather amusing thought on the double standard about Islamic morality on the one hand versus Western mentality on the other: The Western woman wants the lips of her vagina to be smaller, because she thinks the man like them bette that way. She wants plastic surgery to lose a piece of flesh. The Islamic woman needs a tiny piece of flesh to restore her torne membrane. He then thought: Would it be possible to use those Western pieces of flesh to restore the Islamic hymen?"* (*TVM*, 45)

Erinnert *man* sich an die Ausführungen in dem Monolog der Somalierin, an deren Körper eine Genitalverstümmelung (also ebenfalls eine Reduktion der äußeren Teile des weiblichen Geschlechtsorgans) vorgenommen worden ist, bekommt eine Schamlippenverkleinerung in ‚westlichen' Gesellschaften aus rein ästhetischen Gründen auf groteske Weise parallele Züge. In beiden ‚Kulturen' wird die Sichtbarkeit des weiblichen Geschlechtsorgans reduziert, in beiden Fällen, um einer Norm von ‚Weiblichkeit', um der „imaginierten Weiblichkeit" des jeweiligen Kulturkreises zu entsprechen. Diese Form der ‚Selbstentwürdigung' - Pierre Bourdieu schreibt von „systematischer Selbstabwertung"[78] - kann auf die Akzeptanz der symbolischen Gewalt durch die Beherrschten zurückgeführt werden. Dabei besitzt naturgemäß der Beherrschte, in diesem Fall *die* Beherrschte, nicht die Freiheit, die Zustimmung der Herrschaft zu verweigern.[79]

---

78 „Deutlich wird dies vor allem an der Vorstellung der kabylischen Frauen von ihrem Geschlecht als einer defizitären, hässlichen, ja abstoßenden Sache. (Oder in unseren Breiten an der Auffassung vieler Frauen von ihrem Körper als nicht dem von der Mode oktroyierten ästhetischen Kanon entsprechend, und, generell an ihrer Akzeptanz eines abwertenden Bildes der Frau)" (Bourdieu 2005: 65 f.).

79 „Die symbolische Gewalt richtet sich mittels der Zustimmung ein, die dem Herrschenden zu geben der Beherrschte gar nicht umhin kann, da er, um ihn und sich selbst (...) zu erfassen nur über Erkenntnismittel verfügt, die er mit ihm gemein hat und die (...) dieses Verhältnis natürlich erscheinen lassen" (Bourdieu 2005: 64).

Das Prinzip der Unterscheidung bzw. das Unterscheidende selbst, wodurch sich das Hymen - wie bereits festgestellt - auszeichnet, kulminiert in diesem Vorschlag zur ,fleischlichen Kooperation' zu einem Prinzip der Einheit. Die kulturelle bzw. religiöse Differenz (Schamlippenverkleinerung und Hymenrestauration) wird nutzbar für die geschlechtliche Differenz gemacht. ,Frau-Sein' ist in diesem Fall eine Frage des Körpers, des Fleisches, und eine Frage von (Un)Sichtbarkeiten.

Der parodistische Vorschlag zum gegenseitigen Aushelfen, zum transkulturellen Handel mit der eigenen ,Weiblichkeit' zeichnet auf der einen Seite das hierarchisch angelegte Verhältnis ,Westen/Osten' nach (der Überfluss des ,Westens' kann im ,Osten' wiederverwertet werden) und unterstreicht auf der anderen Seite das gemeinsame Unterworfensein unter die Norm der imaginierten ,Weiblichkeit', der es zu entsprechen gilt - sei es mit einem Überschuss an Sichtbarkeit (Rekonstruktion des Hymen) oder einer Zurücknahme der Sichtbarkeit (Reduktion der äußeren Geschlechtsorgane).

Kritik ist von feministischer Seite an der Schleier-Metaphorik und der mit ihr einhergehenden ,Remetaphorisierung der Frau' geübt worden. Die kritischen Stimmen betonen, dass sich die Schleier-Metapher in Repräsentationsmodi einschreibt, die „die Körper der Frauen, ihre Materialität, zugleich metaphorisch verhüllt, damit der (philosophische) Diskurs weiterlaufen kann oder überhaupt erst möglich wird" (Babka 2003: 37, Einschub LS).

Neben der begrifflichen Bestimmung ist die Frage von Repräsentation auch immer an die Frage des Raumes und die Fragen von Privatheit und Öffentlichkeit gebunden, die sich in den Schleierstoff eingewebt haben. Wenn Bettine Menke die doppelte Negation, das „weder/noch" des Derridaschen *Hymen* als Ort, der nicht „ver-ortbar" ist, als „Stelle der Unentscheidbarkeit" liest (vgl. Menke 1995; Vgl. Babka 36ff.), soll im Folgenden die ,Raumfrage' im Verhältnis von Schleier und ,imaginierter Weiblichkeit' auch entlang der Frage nach dem ,Ort der Frau' im Sinne Menkes gestellt werden.

5 Mehr als nur ein Zeichen - Verschleierung als körperliche Praxis in der Performance Manta von Héla Fattoumi und Eric Lamoureux

Verschleierung kann - wie bereits verhandelt - einerseits als eine kulturelle Praxis betrachtet werden, die in den Logiken ‚männlicher' Repräsentationsformen verhaftet ist, also als eine Praxis verstanden werden muss, die in eine ‚männliche' Vorstellung von geschlechtlich markierten Körpern eingebettet ist. Dadurch besteht aber andererseits die Gefahr, dass damit die Rolle des Schleiers innerhalb einer religiösen körperlichen Praxis (*embodied practice*) unterbelichtet bleibt:

> „*The bodily acts like wearing the veil, do not serve as manipulable masks in a game of public presentation, detachable from an essential interiorized self. Rather they are critical markers of piety as well as the ineluctable means by which one rains oneself to be pious.*" (Mahmood 2005: 158)

Während der Fokus dieser Arbeit in der Analyse von Körper und Schleier hauptsächlich auf deren zeichenhafter bzw. instrumenteller Funktion gelegen hat, soll anhand einer letzten Analyse die andere Seite des ‚Körper-Verständnisses' in aktuellen Forschungspositionen zumindest skizziert werden. Diese Position wird von der Prämisse gestützt, dass der Zugriff des Menschen auf die Welt durch seinen Körper erfolge. Eben deshalb übersteige der Körper in seiner Fleischlichkeit die bisher betonten instrumentellen und semiotischen Funktionen. So wird der kulturanthropologischen Position von ‚Kultur als Text' bspw. der Begriff des *embodiment/Verkörperung* entgegengestellt. *Verkörperung* positioniert den Körper als „existential ground of culture and self" (Csordás 1994) und betont „gelebte Erfahrung" im Gegensatz zum Konzept der Repräsentation (vgl. Fischer-Lichte 2005: 380).

Dabei soll muslimische Verschleierung nicht nur in ihrer Zeichenfunktion betrachtet werden, sondern die Beziehung von Körper und ‚Selbst' als eine gelesen werden, „in which the outward behavior of the body constitutes both the potentiality and the means through which the interiority is realized" (Mahmood 2005: 159). Wie wirkt sich eine Praxis wie die des Schleiertragens auf die Formierung eines ‚religiösen' Subjekts aus?

Es gilt anhand der Analyse der Tanzperformance *Manta*[80] von Héla Fattoumi und Eric Lamoureux Verschleierung als Körperpraxis, durch die das Subjekt formiert wird, zu denken: „The veil as a disciplinary practice that constitutes pious subjectivities" (Mahmood 2005: 195).

Dafür soll in einem ersten Schritt die Frage nach Privatheit und Öffentlichkeit in Beziehung zur Verschleierung und dem Diskurs der religiösen Toleranz und eines ‚multikulturellen Miteinanders' geklärt werden. Vor dem Hintergrund der Frage nach dem bereits erwähnten „verstellten Ort der Frau"[81] und dem Schleier als Verteidigung der Privatsphäre soll der Fokus auf den Transfer von ‚Bildern' zwischen Theaterraum und dem ‚öffentlichen' Raum außerhalb der Institution Theater gelegt werden.

In einem zweiten Schritt soll dann ein fruchtbares Zusammenspiel aus der Zusammenführung von Mahmoods Ansatz, dass die *bodily practice* entscheidend für die Formation eines ‚gläubigen' oder ‚frommen' (im Sinne einer religiösen Norm) Subjekts ist, mit dem Maskenkonzept von Richard Weihe, das hier ein weiteres und letztes Mal bemüht werden soll, gewonnen werden.

5.1 Bühne und Schleier: Orte zwischen Vorstellung und Verstellung

Auf dem Laufsteg, der vom hinteren Ende der Bühne bis zur Rampe verläuft, scheint ein in Beige vollverschleiertes Wesen dem Publikum mit kleinen Schritten langsam entgegenzulaufen. Am Bühnenrand angekommen dreht es sich plötzlich um und wirft seinen Blick durch den schmalen Augenschlitz der Verschleierung in das Publikum. Den Zuschauern wird das Spiel der Verwirrungen von Vorderseite und Rückenansicht deutlich, auf das sie dank der von Fattoumi selbst kreierten ‚Burka'-Robe reingefallen sind. Somit erhält gleich zu Beginn der Performance der Schleier in der Zurschaustellung seiner Stofflichkeit seinen großen Auftritt, einen Auftritt im doppelten Sinne, da es sich um einen Laufsteg auf einer Bühne, also um eine Art Meta-Bühne, handelt. Gleichzeitig versinnbildlicht der Laufsteg (als Präsentationsplattform von Kleidung und Mode) das bereits angesprochene vi-

80 Fattoumi, Héla; Lamoureux, Eric. *Manta*. 2009. Centre Choréographique National de Caen, Caen. *Manta* ist eine Coproduktion mit dem Festival Montpellier Danse 2009 und war 2010 zum Tanzimaugust nach Berlin eingeladen.

81 Vgl. Menke 1992.

suelle Potential des Schleiers. Noch deutlicher wird die repräsentative Funktion des Laufsteges und die Figur der Sichtbarkeit in Bezug zu Raum und Schleier in einer weiteren Szene betont: *Man* sieht Fattoumi - vom rechten Bühnenrand kommend - ein langes Stück Stoff in den Händen tragen, das die gleiche Farbe trägt wie der Stoff ihrer eigenen Verschleierung. Die Stoffbahnen hinter sich herziehend, hüllt sie den gesamten langen Lauftsteg, der am Bühnenende zu einer T-Form ausläuft, mit dieser beigen Verschleierung ein. Nimmt *man* die Assoziation zwischen Schleier und Leinwand bzw. Projektionsfläche ernst, wird der Bühnen-Laufsteg, auf dem sie sich bewegt, in seiner Funktion als Bühne auf der Bühne nachgezeichnet und hervorgehoben.

Abb. 3: Héla Fattoumi in *Manta*. Copyright by Laurent Philippe.

Mit der Infragestellung der Kategorie *‚die Frau'* wird immer auch der Ort in Frage gestellt, von dem aus ‚weibliches' Sprechen erfolgen könnte. Wenn Fattoumi die Bühne, auf der sie performt, mit einem Schleier auslegt, kann das einerseits heißen, dass „der Ort der ‚Frau'" immer schon hybride ist, durchkreuzt von kultureller Diversität (bzw. religiöser Differenz, wofür sinnbildlich der muslimische Schleier steht). Dass es sich also nicht um eine Repräsentation ‚der' Frau handeln kann, die auf dieser Bühne performen wird, sondern immer schon um eine nicht nur geschlechtlich markierte Identität, vielmehr um eine Identität, die von weiteren Differenzkategorien bestimmt wird. Eine weitergehende Lesart die spezifische Funktion des Schleiers als Verhüllung in den Fokus der Betrachtung rücken und damit die ‚Verstelltheit' des ‚Ortes der Frau' vorführen. Dann läge eine Verschleierung einer Bühne auf der Bühne, also die Verschleierung eines Raumes, in potenzierter bzw. ausgestellter Sichtbarkeit vor, wie man es für den Bühnenraum behaupten könnte. In diesem Sinne würde mit der Verschleierung ein ‚privater' Raum entstehen:

> „*But the veil has another function: to recall, in individualized fashion, the closure of private space. It signifies an injunction of no trespassing upon this space, and it extends it to another space (...): public space.*" (Alloula 2002: 523)

Wenn Alloula in dem Zitat auf die Grenzfunktion („no trespassing") des Schleiers zwischen einer privaten und einer öffentlichen Sphäre hinweist, muss für den Kontext der Performance gefragt werden: Was ist in Bezug auf den Theaterraum gemeint mit ‚privat' und ‚öffentlich'? Das Theater als ‚öffentlicher' Raum lässt sich im Sinne Christopher Balmes dann als „Raum der Kommunikation" (Balme 2010: 129) definieren. Ebenso bietet aber auch das Theater einen ‚Privatraum', für den andere Regeln gelten als für den ‚öffentlichen' Raum außerhalb der Institution des Theaters. Balme macht auf die Bedeutung des Raumes im Allgemeinen und den Theaterraum im Besonderen für die in dieser Arbeit bereits angerissene Frage der religiösen Toleranz aufmerksam:

> „*Schwellen der Toleranz sind verhandelbar und entstehen immer wieder neu auf der Basis räumlicher, nicht nur begrifflicher Bestimmungen. Erst auf dieser Ebene (wenn der visuelle Gehalt vom Theater in den öffentlichen Raum wechselt, kursiv LS) scheint eine Form der Zensur erforderlich, um das friedliche Zusammenleben verschiedener religiöser Gruppen zu gewährleisten.*" (Balme 2010: 129)

Balmes Ausführungen konzentrieren sich vor dem Hintergrund der Analyse der Berliner *Idomeneo*-Inszenierung[82] auf das Moment des Transfers der Bilder vom Theaterraum in einen öffentlichen Raum außerhalb des Theaters. Erst in diesem Moment des Überganges von einem Raum in den nächsten wurde politisch interveniert, Zensur aus-

82 Es handelt sich dabei um die *Idomeneo*-Inszenierung von Hans Neuenfels an der Deutschen Oper in Berlin von 2003. Der „Skandal" entbrannte allerdings erst bei der Wiederaufnahme 2006 (vgl. Balme 2010: 124).

geübt, um ,das friedliche Zusammenleben' nicht zu gefährden. Der ,Skandal' entfachte sich demnach erst in dem öffentlichen Raum außerhalb des ästhetischen Rahmens, wo das ,Bild' eines geköpften Mohammed nicht mehr als ,Bild' innerhalb einer Inszenierung funktionierte, sondern als blasphemische Beleidigung religiöser Gefühle aufgefasst und skandalisiert wurde.

Während Balme im Beispiel von *Idomeneo* thematisiert, was passiert, wenn ,Bilder' vom Theaterraum in den ,öffentlichen' Raum außerhalb des Theaters wechseln, stellt sich bei Fattoumis Inszenierung ,des' Schleiers die Frage, wie sich ,Bilder' verwandeln, wenn sie in den Kontext der Kunst eintreten. Bei Fattoumi scheint es nämlich mit der ,Raumfrage' genau umgekehrt der Fall zu sein: Sie holt ,den' Schleier, das im ,öffentlichen' Raum außerhalb des Theaters viel diskutierte Zeichen der muslimischen Kollektividentität, in den Raum des Theaters. ,Der' Schleier, der als ,Bild' in den gesellschaftlichen Diskursen bereits einige Zeit zirkuliert und jeweils verschieden aufgeladen wird, kann im Raum des Theaters entladen, entskandalisiert und entpolitisiert werden, um ihn wortwörtlich dann in seiner gesamten Stofflichkeit auszubreiten. Die Langsamkeit und die betonte Inszeniertheit dieser Schleier-Niederlegung zeigen, dass der ,private' Raum des Theaters es ermöglicht, einen neuen Blick, einen vielleicht unvoreingenommeneren, aber in jedem Fall verstärkt ästhetischen Blick auf die Tiefen der Stofffalten zu werfen. Durch die Rahmung der Institution Theater wird ein alternativer Blick auf ,den' Schleier möglich, so meine Argumentation, der nicht rein ästhetisch ist, aber die Möglichkeit eines ästhetischen Blicks überhaupt erst gewährleistet. Mit der ,Überführung' des Zeichens *Schleier*, das etwas sichtbar machen will, in einen Rahmen, wo es selber sichtbar wird als das, was es tut, nämlich sichtbar machen, wird darüber hinaus die mediale Ebene thematisiert. Dieser Fokus auf die Medialität des überführten Zeichens in den Kontext der Kunst könnte ein Hinweis auf die Frage sein, was mit den ,Bildern' bei einem solchen ,Sphären-Wechsel' geschieht. Es scheint die besondere Möglichkeit des Theaters zu sein, als „kritische Ikonologie" zu fungieren und die „wirklichkeitsschaffende Kraft der Bilder, die nach einer anderen Logik erfolgt, als die der Sprache, in der Situation selbst, in der sie wirksam wird," vor Augen zu führen (Röttger 2009: 9).

Zusammenfassend kann *man* den Akt der Verschleierung der Bühne durch Fattoumi entweder als die Verlagerung eines Zeichens (und dem ihm anhaftenden gesellschaftlichen Diskurs) aus einem öffentlichen Raum in den Schutz der ‚Privatheit' des Theaterraumes verstehen oder aber als die Schaffung eines Ortes, an dem ‚die' Frau ‚auftreten' kann, ohne im Sinne Bourdieus Opfer einer *Agoraphobie* werden zu müssen:

> *„Der Ausschluss von den öffentlichen Plätzen muss nicht, wie bei den Kabylen, explizit erfolgen, wo er die Frauen in separierte Räume verbannt (...). Beinahe ebenso effektiv kann er andernorts durch diese Art gesellschaftlich aufgezwungene Agoraphobie sein, die die Aufhebung der sichtbarsten Verbote lange Zeit überdauern kann und die die Frauen dazu bringt, sich von der agora selbst auszuschließen".* (Bourdieu 2005: 73)[83]

Dass dieser Ausschluss aus ‚der' Öffentlichkeit sich auf einer somatischen Dimension auswirkt, darauf hat Bourdieu ebenfalls aufmerksam gemacht. Die „symbolische Macht" wirke sich nicht durch Zwang sondern „unmittelbar" auf den Körper aus. Neben dem visuellen Potential des Schleiers steht ebenso sein skulpturales Potential in *Manta* im Fokus. Das skulpturale Potential soll in dieser Analyse in seiner Auswirkung auf den Körper und auf das zu formende Subjekt verstanden werden. ‚Der' Schleier als Mittel der Konstruktion des Körpers als auch der verschleierte Körper als Medium *für* ein ‚Selbst' (eher als ein Zeichen *von* einem ‚Selbst') erhalten bei Fattoumi ihren Auftritt und stehen im Fokus der folgenden Analyse zweier Szenen aus *Manta.*

5.2 Von der Innenseite der ‚Schleiermaske'

Die Betrachtung des Körpers bzw. des verschleierten Körpers soll im Folgenden als ein Medium *für*, denn als ein Zeichen *von* einem ‚Selbst' an der Tanz-Performance *Manta* von Héla Fattoumi und Eric Lamoureux nachzuvollzogen werden. Dieser Ansatz begründet sich durch den speziellen Fokus der Inszenierung: Im Mittelpunkt steht der Stoff des Schleiers selbst, nicht seine Zeichenhaftigkeit, seine Symbolkraft, sondern sein visuelles und vor allen Dingen skulpturales Potential. Die Fragen, die sich hier stellen, sind nicht solche, die von innen nach außen zielen, d.h. nicht Fragen danach, wie sich die ‚innere' Religiosi-

83 Mit einer *gesellschaftlichen aufgezwungenen Agoraphobie* ist gemeint, dass die Annäherung an bzw. der Eintritt in einen den Männern vorbehaltenen Raum für die Frauen zu einer Prüfung wird, die mit Angst um Restriktionen verbunden ist.

tät des Subjekts verkörpert, sondern Fragen, die sich von außen nach innen richten, Fragen danach, wie Körperpraxen (wie die Verschleierung) zu der Konstituierung eines ‚frommen' Subjekts beitragen. Wie wirkt die Innenseite der Maske/des Schleiers auf seine Trägerin? So soll im Sinne von Foucaults Konzept der Selbsttechnologien[84] die Arbeit der Körperpraktiken bei der Formung des Subjekts in den Mittelpunkt der Analyse gerückt werden. Das *Wie* der Praktiken ist von Interesse und nicht ihr symbolisches oder hermeneutisches Potential.

> *„Die Maske zeigt nach zwei Seiten Wirkung; ihre Außenseite wirkt auf den Betrachter, ihre Innenseite wirkt auf den Maskenträger, sie kann das Verhalten des Betrachters oder des Maskenträgers beeinflussen."* (Weihe 2004: 50)

Dabei sei es entscheidend, auf welcher Seite der Maske wir ‚stehen', ob wir sie als Trägerin ‚durchschauen' oder als Betrachter beobachten. So sei *man* eigentlich dazu geneigt, die Innenseite der Maske als „unmarked state" (als unmarkierten Zustand) im Sinne Spencer-Browns[85] zu beschreiben und die Außenseite hingegen als den markierten Zustand.

Genau diese auch bei Weihe weiterhin aufrecht gehaltene Dichotomie zwischen Innen und Außen hebt Héla Fattoumi in einer der sinnbildlichsten und eindrücklichsten Szenen in *Manta* auf. Gegenüber vom Publikum ist ein Scheinwerfer positioniert, in dessen Licht Fattoumi

84 Die „Technologien des Selbst" ermöglichen es dem Einzelnen, „aus eigener Kraft oder mit Hilfe anderer eine Reihe von Operationen an seinem eigenen Körper oder seiner Seele, seinem Denken, seinem Verhalten und seiner Existenzweise vorzunehmen, mit dem Ziel, sich so zu verändern, dass er einen gewissen Zustand des Glücks, der Reinheit, der Weisheit, der Vollkommenheit oder der Unsterblichkeit erlangt." (zit. nach Ruoff 2009: 205) Das „Selbst" ist ein soziales und diskursives Konstrukt und ein Effekt von Machtoperationen. Eine Betrachtung der Konstruktion des Selbst die historischen Machtstrukturen, durch die das normative Subjekt produziert wird (vgl. Mahmood 2005: 33 ff.).

85 Siehe auch Luhmann über Spencer Brown: „Die Einführung einer Unterscheidung ist zunächst einmal die Einführung einer Form. Eine Form ist die Unterscheidung einer Innenseite (des Unterschiedenen) von einer Außenseite (des Sonstigen). (...) Spencer Brown fasst in einem Operator zwei verschiedene Funktionen zusammen, nämlich das Unterscheiden und das Bezeichnen (distinction, indication). Eine Unterscheidung als solche ist dann gleichsam unvollständig, operativ imperfekt, wenn sie nicht zugleich die eine Seite, die unterschieden wird, bezeichnet" (Luhmann 2003: 15f.).

in ihrer Verschleierung steht. Von hinten angestrahlt wird ihre Verschleierung zunehmend durchsichtiger. Der Kontrast zur vorherigen Szene der Verwirrung von Vorder- und Rückseite unter dem beigen „Burka"-Stoff ist nicht zu verkennen. Mit ausgestellten Beinen und ausgebreiteten Armen (der „vitruvianischen Figur"[86] Leonardo da Vinicis gleich) beginnt Fattoumi zu rhythmischen Klängen sich auf der Stelle zu bewegen, ihren Körper in Schwingungen zu versetzen, die den nun durchsichtigen Schleierstoff erschüttern. Das von hinten ihren Körper durchstrahlende Scheinwerferlicht wird synchron zur Intensivierung der Klangholz-Rhythmen immer greller. Die Dramaturgie der Durchleuchtung provoziert im Verhältnis ‚Schleier und Körper' eine doppelte Reduzierung: mit Zunahme der Intensität des Scheinwerferlichtes wird der Schleier immer durchsichtiger und die sich abzeichnende Silhouette des Körpers immer schmaler.

86 Siehe Beltings Besprechung der „vitruvianischen Figur": „Im Spreizen der Beine und im Anheben der Arme erreicht der Körper die Peripherie des Kreises als der Figur göttlicher Vollkommenheit, wenn auch nur in einer kurzlebigen Anstrengung. In der Ruhestellung ist er jedoch in den Koordinaten eines Quadrats eingeschlossen, das er mit Scheitel und Fußsohle berührt (...) Das Quadrat wirkt plötzlich wie das Gefängnis körperlicher Kontingenz" (Belting 2001: 102).

Abb. 4: Héla Fattoumi in *Manta*. Copyright by Laurent Philippe.

Die ‚Enthüllung' findet demnach bei Fattoumi auf unkonventionelle Weise statt. Es handelt sich dabei nicht um eine Entschleierung, sondern um ein Durchleuchten, um das Zugeständnis an die BeobachterInnen, die ‚Maske' ebenfalls ‚durchschauen' zu dürfen. Dabei weckt die Szene eher Assoziationen an medizinische Röntgentechniken oder aktuelle polizeiliche Maßnahmen zur Sicherheitskontrolle als an eine erotische ‚Entblößung' eines nackten Frauenkörpers im Sinne eines orientalisierenden Topos. Fattoumi spielt nicht mit dem Changieren des Schleiers zwischen Zeigen und Verstecken, wie es in *Submission* der Fall gewesen ist und in die Falle der Essentialisierung geführt hat. Sie zeigt das Zeigen, ähnlich wie es der opake Schleier in dem Graffiti von *Princess Hijab* als *Hyperikon* getan hat. Gleichzeitig zeigt sie das, was vermeintlich unter dem Schleier ‚versteckt' wird. Bei dem ‚versteckten' Körper jedoch, der durch die Durchleuchtung sichtbar geworden ist, handelt es sich interessanterweise nicht um einen geschlechtlich eindeutig markierten Körper, also nicht um den ‚weiblichen' Körper, der Neugier, Fetischismus und den kolonialen Appetit nach Besitz schürt.

Der Schleier im Verständnis seiner Maskenfunktion wirkt in diesem Fall also mit seiner Innenseite nicht als ein Marker einer zu formierenden ‚Weiblichkeit', sondern lässt den Beobachter an die Stelle der Trägerin treten und die Maske ebenfalls ‚durchschauen'. Und nicht nur der Schleier ist es, der ‚durchschaut' werden kann, sondern der Körper selbst in seiner sukzessiven Reduktion bis hin zu einer nur noch skeletthaften Darstellung seiner selbst weckt die Vorstellung, dass er sich nach einiger Zeit einfach aufzulösen bzw. vollkommen ‚durchsichtig' werden kann. Nicht nur der Schleier wird in seiner Transparenz vorgeführt, sondern der Körper darunter ebenfalls und dadurch in seiner kulturellen Konstruiertheit, im Sinne des *persona* Begriffs, der Inneres und Äußeres nicht getrennt voneinander denkt. Was die Betrachtenden zu sehen bekommen, ist nicht ‚der' Körper eines Individiuum, einer Figur, die ihre Geschichte der Verschleierung auf die Bühne bringen wird, sondern ein Knochengerüst, das den Schleier auf der einen Seite schlichtweg hält, ihn aufspannt und sich auf der anderen Seite gegen seine begrenzende Funktion zu wehren scheint (wie die Bewegungen zu den Rhythmen es implizieren). Schleier wie auch Maske bedürfen eines Trägers, einer Trägerin. Aber um den Körper als Körper*bild* denkbar machen zu können, bedarf der Körper auch des Schleiers, wie die Szene von Fattoumi es zu zeigen scheint: Der Körper wird dank der Transparenz des Schleiers zum sinnbildlichen Durchgangsort für Bilder. Eine Art Transitraum, wie ihn Homi Bhabha als *in-between-space,* als ein Terrain für „neue Subjektivitäten", für ein „neues Selbst" (Angerer 1995: 33) ausgerufen hat: „where space and time cross to produce complex figures of difference and identity, past and present, inside and outside, inclusion and exclusion" (zit. nach Angerer 1995: 35).

Die Dramaturgie dieses *in-between-space,* dieses Zustandes der Unmarkiertheit als Durchgangsort für die Bilder, die die Betrachtenden auf den Körper Fattoumis projizieren, spitzt sich immer stärker zu. Das Licht wird greller, Schleier und Körper transparenter und die Rhythmen härter. Die Szene endet in einem abrupten Abgang Fattoumis, sodass das Publikum geblendet zurückbleibt. Noch einmal geht sie von links nach rechts über die Bühne durch den noch immer grellen Lichtstrahl. Der schwarze Umriss ihres Profils zeichnet sich im Laufen hart gegen das Scheinwerferlicht ab. Scherenschnittartig und dadurch sinnbildlich für die simplifizierende Zeichenhaftigkeit der herkömmlichen Ikonographie der Verschleierung bekommen die Zuschauer nun wieder die Silhouette einer verschleierten Frau zu sehen. So wie sie ihnen auf der Straße in ihrem Alltag begegnen mag, mit all den Bildern, den Stereotypen, die sich in den Falten ihres Schleier-Stoffes sammeln.

Indem Fattoumis Performance zwischen Zeichenhaftigkeit und medialer Funktion sowohl des Schleiers als auch des Körpers changiert, verflüssigt sie die konventionelle und herkömmliche Markierung der Außenseite ihrer ‚Maske' (als religiöses Symbol oder Zeichen der Unterdrückung der Frau) und lenkt gleichzeitig die Aufmerksamkeit auf die Innenseite ihrer ‚Maske'. Das ‚Durchschauen' der ‚Maske' hat ergeben, dass es nicht ‚sie' ist, wie bereits in der Geschlechterverwirrung der *Princess Hijab* besprochen, die *man* unter dem Schleier vorfindet, sondern der bis auf sein (Knochen)Gerüst hinunter reduzierte Körper. Wenn häufig zur Legitimierung der soziopolitischen Entmachtung ‚der' Frau ‚ihr' Körper herangezogen wird, die vermeintlich anatomische und physiologische Differenz,[87] umgeht Fattoumi es, mit solch einer Essentialisierung einer patriarchalen Ordnung in die Hände zu spielen. Schleier und Körper verlieren jeweils für einen Moment ihre geschlechtlich bzw. kulturell eindeutige Konnotation. Trifft *man* an dieser Stelle eine Unterscheidung zwischen *Körper* einerseits und *Leib*[88] andererseits, wird das Bild der Szene vollständig: Mit dem *Körper*-Begriff wird auf den Körper als Gegenstand verwiesen, dessen *man* sich instrumentell bedienen kann. Der *Leib*-Begriff hingegen „bezeichnet das unmittelbare, nicht-relativierbare Erleben, d.h. die affektiven Qualitäten der zentrischen Positionierung" (Villa 2008: 209).

Das ‚Durchleuchten' des Schleiers dient nicht nur der ‚Enthüllung' des Körpers darunter, sondern auch der Verdeutlichung, dass ein Körper in seiner Zeichenfunktion aufgeht. Dies wird vor allem am SchauspielerInnenkörper deutlich, an dem „Mittler zwischen Wort und Bild":

> *„Ob als phänomenologischer Garant des liveness oder als semiotischer Kreuzungspunkt unterschiedlichster Zeichensysteme, der Schauspieler, oder besser sein Körper, ist Bildmedium und Bild zu-*

87 Vgl. dazu auch (Schor 1992: 225).

88 „Zwischen den Extremen eines radikal-konstruktivistischen Konzepts von Körper und einer existenziellen Vorstellung von leiblicher Erfahrung positionieren sich zahlreiche Studien. Merleau-Ponty z.B. stellt die Bedeutung von Leiblichkeit für die Orientierung in der Welt heraus. Er rückt den Leib als Welthaben und Weltstiftung in den Mittelpunkt" (Hardt 2005: 181).

gleich, materielle Eigenschaft und Signifikantenpraxis." (Balme 2002: 351)

Während durch den Schleier in den bisher analysierten Kunstphänomenen hauptsächlich die gegenständliche Körperlichkeit (das „Körper-Haben") zu Darstellung gekommen ist, bietet bei Fattoumi der Schleier den Rahmen, das Leiblich-Affektive *sichtbar* werden zu lassen. Mit ihren zuckenden Bewegungen zu den schnellen Rhythmen, ihrem sich schüttelnden Skelettkörper unter den durchsichtigen Stoffbahnen misst sie mit ihrem Körper als Instrument den durch den Schleier begrenzten Raum aus. Gleichzeitig lassen ihre abwehrenden und mit dem Stoff kämpfenden Bewegungen und die Zurücknahme ihres ‚gegenständlichen' Körpers den leiblich-affektiven Aspekt ihrer Körperlichkeit deutlich werden. Der Schleier, der ihren Körper zu einem Zeichen, Symbol oder Instrument werden lässt, steht für eine (religiöse) Normierungspraxis, die sie auch leiblich-affektiv beeinflusst.

Die Doppelheit des Schleiers als opak und transparent bedingt die Darstellung der körperlichen Doppelheit. Der opake Schleier dient in seiner Zeichenfunktion und lässt zugleich den Körper in seiner Gegenständlichkeit auftreten. Der transparente Schleier ermöglicht mit dem implizierten ‚Blick dahinter' eine Darstellung des leiblich-affektiven Verständnisses eines Körpers, durch den sich ein Subjekt als bzw. innerhalb religiöser Normen formiert. Fattoumis kämpfende Bewegungen gegen den Schleier zeigen nicht nur einen Kampf gegen die religiöse Praxis der Verschleierung, sondern ihr spezifisches leibliches Empfinden innerhalb einer religiös-kulturellen Normierung für die der Schleier metonymisch steht. Nicht der Schleier ist es, der die Empfindungen beeinflusst, sondern das wofür er steht: eine religiöse Norm, durch die sich ein Subjekt mit all seinen leiblichen Empfindungen formt. In den *Veiled Monologues* ist die Beziehung von Geschlechternorm und ‚dem' Islam mit Blick auf das leibliche Empfinden entweder als sinnliches, sich ergänzendes Verhältnis („With Islam I felt like a women") oder als schmerzhafte und inkompatible Beziehung („My vagina has no need to go to Mecca") beschrieben worden. In beiden Fällen wird das leibliche Empfinden betont, ausgelöst von der Religion, die einen Teil ihrer Identitätskonstruktion bildet. In beiden Fällen beeinflusst dieses von einer religiösen Norm ausgelöste leibliche Empfinden aber auch noch einen weiteren Teil ihrer Identitätskonstruktion: ihre ‚Weiblichkeit'. Bei Fattoumi hingegen wird die Kritik sowohl am

Objekt Schleier als auch an der Religion, für die er steht, anhand der zur Zurschaustellung der Zweiheit ihres Körpers deutlich.

Normen und Werte sozialer Ordnungen werden in körperlichen und leiblichen Praktiken reproduziert. Ein wirksames Mittel der Steuerung dieser Prozesse ist die Disziplinierung. Diese Form der Machttechnologie wird in einer weiteren Szene besonders deutlich: Wieder ist es der scheinbar gleiche Stoff wie der ihrer selbstkreierten Schleierkonstruktion, der die Szene in seiner Stofflichkeit bestimmt. In einem Berg von vielen einzelnen beigen Stoff-Stücken stehend, beginnt Fattoumi (noch immer selbst vollständig verschleiert) jedes der Stoff-Stücke mechanisch zu falten. Dazu setzt sie ihren ganzen Körper ein, klemmt sich das eine Ende des Stoffes unter ihr verschleiertes Kinn, beugt sich nach vorne, lässt das Stück unter ihrem Kinn los und bringt es so zur ersten Faltung, wiederholt diese Prozedur bis das Stoff-Stück so klein gefaltet ist, dass es nicht mehr kleiner zusammenlegbar ist. Alle auf diese Art und Weise gefalteten Stücke werden fein säuberlich neben ihr aufgestapelt. Begleitet wird diese Prozedur wieder von Rhythmen, die den Takt der Faltung anzugeben scheinen, zumindest wirken die zunächst sehr mechanisch anmutenden Bewegungen nach einiger Zeit rhythmischer, fast ästhetisch. Ihre Bewegungen werden mit der Zeit und entsprechend den Rhythmen schneller und größer. Deutlich wird dabei, wie hinderlich ihre eigene Verschleierung ihr beim Ausführen dieser Arbeit ist. Fast panisch-konzentriert wirkt ihr Blick.

Wenn der Schleier hier in seiner regulierenden und normierenden Wirkung betrachtet werden soll, geschieht dies auf der Bühne gleich in doppelter Form: Die Stoffe, die sie faltet, bilden die Analogie zu dem Schleier, den sie trägt, es scheinen demnach Schleier-Stücke oder Stoff-Stücke zu sein, die einmal zum Schleier werden könnten. Diese Schleier fordern eine gewisse Disziplin von ihr, sie arbeitet sich im Falten an ihnen ab. Gleichzeitig scheint ihre eigene Verschleierung sie wiederum in ihren Bewegungen beim Ausführen dieser disziplinierenden Tätigkeit zu regulieren. Während die zu faltenden Schleier in gewohnter Manier auf die Religion Islam verweisen, weckt das Falten selbst die Assoziation von Hausarbeit (vom Falten von ‚Wäsche-Stücken') und knüpft somit die Verbindung zu einer als ‚weiblich' konnotierten Sphäre. Zwei Schleier und eine doppelte Disziplinierungs- bzw. Regulierungsstrategie werden in dieser Szene verhandelt: sowohl die Formierung eines religiösen Subjekts als auch die Formierung eines ‚weiblichen' Subjekts.

In Fattoumis hauptsächlich körperlich/performativer Auslotung des Verhältnisses von ‚Körper und Schleier' bekommen beide als Praxis der Disziplinierung und nicht als Tropus oder Metapher (wie in den *Veiled Monologues*) ihren Auftritt. Es ist, wie bereits eingangs dieses Kapitels erwähnt, die stoffliche und skulpturale Komponente des Schleiers, die sie mit ihrem Körper auf der Bühne ausmisst und die sie als Performerin auf der Bühne zum „Bild-Körper-Medium" (Balme 2002: 351) werden lässt. Nicht mehr lediglich als Zeichen einer muslimischen Identität steht der Schleier auf der Bühne, sondern ebenso als Schleier selbst, als Stoff, der einen Raum eröffnet, der einen Raum beschränkt, der einen Körper verbirgt, der ein normiertes Subjekt hervorbringt.

Gerade dem Theater kommt dabei eine besondere Rolle zu: Als Ereignis, das sich sowohl in Raum als auch in Zeit vollzieht, kann es „die Herstellungsweise von Bildern in ihrem jeweiligen Medium (Körper, Text, Musik, Licht, Projektion etc.) im Prozess ihrer Entstehung zeigen" (Röttger/Jakob 2009: 9).

Wie deutlich geworden sein sollte, treten Körper, Bild und Medium in Interrelation auf. Fattoumi hebt mit der Verschleierung der Bühne und der ‚Durchleuchtung' ihres verschleierten Körpers das *Wie* in den Fokus ihrer Inszenierung:

> *„Jedem Medium liegt in der Praxis die Tendenz nahe, entweder auf sich hinzuweisen oder aber im Gegenteil sich im Bild zu verbergen. Je mehr wir bei einem Bild auf das Medium achten, desto mehr ‚durchschauen' wir seine Steuerfunktion, und distanzieren wir uns davon. Umgekehrt verstärkt sich seine Wirkung auf uns, je weniger wir uns seinen Anteil am Bild bewusst machen."* (Belting 2001: 22)

Dieses ‚Durchschauen' der Steuerfunktion hat Fattoumi im wahrsten Sinne des Wortes inszeniert und gleichzeitig darauf aufmerksam gemacht, dass diese Steuerfunktion auch immer eine zweiseitige ist: Die Außenseite der ‚Schleiermaske' wirkt in ihrer Zeichenhaftigkeit auf die Betrachtenden, während die Innenseite des Schleiers zur Formierung eines der religiösen Norm entsprechenden Subjekts beiträgt. Mit der Ineinssetzung von Medium und Körper wird der Körper im Sinne Beltings zum Träger und zum Erzeuger der ‚Bilder'. Dies ist es, was Fattoumi auf die Theaterbühne holt. Nicht ein ,Bild' im Verständnis eines technisch reproduzierbaren Phänomens, sondern ihren Körper und vor allem ihren *verschleierten* Körper als immer schon Produzent und Rezipient von Bildern.

5.3 Strategisches Durchleuchten – Eine Schlussbetrachtung

In ihrer Verhandlung von Schleier und Körper thematisieren bzw. dekonstruieren alle vier betrachteten Kunstphänomene die Durchkreuzung von orientalistischen Topoi und Geschlechterdarstellung.

Princess Hijab (Kap.3) und ihre Methode des *visual terrorism* führen den ,orientalistischen' Blick auf ,die' verschleierte Frau vor und konterkarieren ihn; *Submission* (Kap.4) hat sich den Voyeurismus und die Neugier des ,orientalistischen' Blicks zunutzen für das politische Anliegen im Kampf gegen eine niederländische ,Toleranzpolitik' gemacht; *The Veiled Monologues* (Kap.4) haben mit der Figur des *Hymen* und seiner Rekonstruktion innerhalb des religiös-kulturellen Kontextes ,des' Islam die Konstruiertheit von religiöser und geschlechtlicher Differenz und ihre gegenseitige Bedingtheit unterstrichen und in *Manta* (Kap.5) kulminieren in der Strategie der ,Durchleuchtung' alle diese Thematisierungen: Die Performance vermeidet es, sich einer neo-orientalistischen Rhetorik, wie es die eingangs besprochene Anzeige des *Stern* aufgezeigt hat, einzuschreiben und die ,orientalische' Frau unter dem Schleier erneut zu einem ,Rätsel' werden zu lassen, ihre Sprachlosigkeit mit ihrer Unsichtbarkeit analog zu setzen.

Fattoumis ,Durchleuchten' geht dabei über die reine Phänomenebene hinaus und tangiert bereits die Ebene der *systematischen* Analogien zwischen Orient-Diskurs und Geschlechterdarstellung. Diese Thematisierung hat sich auch in den Analysen der anderen Arbeit sichtbar gemacht hat. Wie das eingangs diskutierte Konzept Andrea Polascheggs von ,Andersheit' und ,Fremdheit' es verdeutlicht (Polaschegg 2005, bespr. in Kap.2), geht Differenzerfahrung nicht unbedingt mit Fremdheitserfahrung einher und Grenzen des ,Eigenen' sind nicht notwendigerweise Grenzen des ,Vertrauten'. Im Rückblick auf den Kolonial- und Orientdiskurs hat diese Arbeit gezeigt, dass in der orientalistischen Darstellung von ,Frau' und ,Orient' und in ihrer Analogsetzung die Stabilisierung der europäischen Identität im Vordergrund stand. Dadurch wurde das „Wesen des Orients" als immer schon in seiner Verschleierung bestehend dargestellt (Yegenoglu) und die abgebildeten Individuen wurden als „irrevocably Other“ (Nochlin) festgeschrieben.

Schlussthese dieser Arbeit ist es, dass dieser eingangs erwähnten Herausforderung, die die muslimische Verschleierung für ‚westliche‘ feministische Projekte bedeutet, durch eben diese Unterscheidung von ‚Andersheit‘ und ‚Fremdheit‘, von ‚Identität‘ und ‚Distanz‘ zu begegnen ist. Die Herausforderung mutet scheinbar paradox an, ohne kulturelle Blindheit, das ‚Andere‘ ‚vertraut‘ werden zu lassen. Die Kritik am Konzept des *global sisterhood* und damit an der kulturellen Blindheit vieler ‚westlich‘ feministischer Diskurse fordert die Berücksichtung der Identitätskategorie *religion* und beruft sich damit auf kulturelle bzw. religiöse ‚Andersheit‘. Das ‚Andere‘ trotz der Differenzen als ‚vertraut‘ wahrzunehmen und eben nicht im Sinne Nochlins es zu etwas ‚unwiderruflich Anderem‘ werden zu lassen und in der ‚Andersheit‘ zur Bildung des eigenen Selbstverständnisses festzuschreiben, haben die betrachteten Kunstphänomene in ihrer Darstellung von Schleier und Körper weitestgehend ermöglicht. Während eine Differenz als Grenze des jeweils ‚Eigenen‘ vom ‚Anderen‘ von beiden Seiten vollzogen werden kann, stellt sich diese Kongruenz im Falle von ‚fremd‘ und ‚vertraut‘ als Trugschluss heraus. Hier wird die systematische Analogie von Orientdiskurs und Geschlechterdarstellung deutlich: Der ‚Orient‘ und die ‚Frau‘ sind das, was als ‚fremd‘ wahrgenommen wird und was es zu ‚entdecken‘ gilt, während ‚Okzident‘ und ‚Männlichkeit‘ als evident erscheinen (Polaschegg 2005: 54). Die verschleierte Frau in einer säkular europäischen Öffentlichkeit ist demnach einer doppelten Fremdheitserfahrung ausgesetzt.

Wenn *Princess Hijab* ‚männliche‘ Körper verschleiert, dreht sie diesen Spieß um und lässt das, was bisher evident schien, die ‚Männlichkeit‘, zum Rätsel werden. Dies gelingt ihr mit Hilfe eines *Hijab,* also eines Zeichens religiöser Differenz. Somit bricht sie auch gleichzeitig mit der Analogsetzung von ‚Weiblichkeit‘ und ‚Orient‘, wie es eine traditionell orientalistische Ikonographie der Verschleierung vorsehen würde. Fattoumi löst hingegen mit ihrer „Durchleuchtung“ des Schleiers die Opazität von ‚Weiblichkeit‘ (wie sie Freud einst postulierte) ganz auf und die ‚Muslimische Weiblichkeit‘ als Enigma gleich mit. Ohne tatsächlich zu ‚entschleiern‘, lässt sie uns ‚durchschauen, dass die Identität der Schleierträgerin nicht eine Frage eines ‚weiblichen‘ Körpers unter dem Schleier ist, sondern innerhalb der Verwebung von Haut und

Schleierstoff hergestellt wird: „Her body is not simply inside of the veil: it is of it; she is constituted in and by the fabrication of the veil" (Yegenoglu 1998: 118).

Gleichzeitig ist durch die Analysen deutlich geworden, dass alle besprochenen Arbeiten ein hohes Maß an Selbstreflexivität aufweisen, die jeweils über den Tropus oder das Objekt ‚Schleier' ausgelöst zu sein scheint:

Princess Hijab hat mit dem Akt kreativer Zerstörung und mit dem Motiv des gesprayten Hijabs nicht nur die „almost naked white women" unsichtbar werden lassen, sondern ebenso einem ‚neuen' Bild des Hjiab eine sichtbare Position im sozialen Raum gegeben. Der Schleier als *Hyperikon* im Sinne Mitchells führt in dieser Arbeit die Technologien visueller Repräsentation selbst vor.

In *Submission* wiederum ist es das Zusammenspiel von Haut und Schleier, die als Leinwand von Schrift und Wunde auf die mediale Ebene des Films verweisen. In ihrer Verletzlichkeit (Haut) bzw. Durchlässigkeit (Schleier) provozieren sie eine „haptische Visualität", lassen den Blick des Zuschauers zur Berührung werden und schaffen durch das Auflösen sowohl des Schutzes von Schleier und Haut als auch durch Auflösung der der Distanz-Funktion der Filmleinwand eine größere Betroffenheit und ein mögliches Verantwortungsgefühl im Betrachter.

Als Drama verweist *The Veiled Monologues* mit dem Topos des Blicks und des Blickwechsels auf seine Aufführungspraxis und damit über seinen Status als etwas ‚Lesbares' hinaus auf den Status als etwas ‚Sichtbares'.

In der Analyse von Fattoumis *Manta* lässt sich das Zusammenspiel von Schleier und Verweis auf der medialen Ebene ebenfalls über das ‚Durchleuchten' aufzeigen. Die Szene des ‚Durchleuchtens' kommt eben nicht einem „Entschleiern" gleich. Die Annahme, man könne unerwünschten ‚Bildern' im öffentlichen Raum mit der Zerstörung ihrer Medien, in denen sie sich realisieren, kontrollieren, hat sich vor dem Hintergrund dieser Arbeit als nicht haltbar erwiesen: „Medienlos hörten die Bilder auf, im sozialen Raum präsent zu sein" (Belting 2001: 94). Eine ‚zwangsemanzipatorische' Entschleierung, wie es die Verschleierungskritiker der jeweiligen Diskurse fordern, käme in diesem Sinne solch einer Medienzerstörung gleich. Wenn, wie eingangs diskutiert, der Schleier in einer säkularen europäischen Öffentlichkeit auch als Statement einer Generation junger Muslima fungiert, werden der Kampf um Positionen in und die Regulierung der Sichtbarkeit im sozialen Raum deutlich. Da aber, wie es diese Arbeit aufgezeigt hat, die Annahme eines hinter dem Schleier und von dem Schleier unabhängigen Subjekts höchst problematisch ist, wird auch die Forderung einer „Entschleierung" vor diesem Hintergrund fragwürdig. Dass der Kopf von dem Kopftuch in diesem Verständnis nicht zu trennen ist, darauf hat schon die eingangs zitierte muslimische Demonstrandin hingewiesen. Der verschleierte Körper, so haben es die Analysen verdeutlicht, ist immer Bild und Bildmedium zugleich. Es kommt dabei darauf an, welche Ebene man in den Blick nimmt: ob die ‚eigenen' Bilder am opaken Stoff des Schleiers der ‚Anderen' hängen bleiben, sich in seinen Faltenwurf einschreiben, ihn als Zeichen festschreiben oder ob der ‚Blick-dahinter' gewagt werden kann - auf die formierende Wirkung der Innenseite des Schleiers, auf seine Funktion als körperliche Praxis für seine Trägerin.

Mit der Metapher des ‚Durchleuchtens' im Sinne eines ‚Durchschauens' sowohl im Kontext der betrachteten Kunstphänomene als auch auf analytischer Ebene, liegt dieser Arbeit die Hoffnung inne, einen Blick ermöglicht zu haben, der nicht die ‚Andere' als „irrevocably other" (Nochlin) oder als „immer schon verschleiert" wahrnimmt und festschreibt. Vielmehr soll durch die Betrachtung der verschiedenen Verhandlungen und Darstellungen von Schleier und Körper in den ausgewählten Kunstphänomenen ein alternatives Verständnis zur traditionellen Ikonographie ‚der verschleierten Frau' aufgezeigt worden sein.

6 Literatur- und Abbildungsverzeichnis

Monographien, Sammelbände und Aufsätze

ADDISON, Erin. „Saving other women from other men." *Camera Obscura* 31 (1993).

AHMED, Leila. *Women and Gender in Islam. Historical roots of a modern debate.* New Haven, London: Yale University Press, 1992.

AHMED, Leila. „Women and Gender in Islam." *Veil: Veiling, Representation and Contemporary Art.* Ed. Bailey, David A.; Tawadros, Gilane. London: inIVA, 2003.

ALLOULA, Malek. „From *The Colonial Harem.*" *The Visual Culture Reader.* Ed. Mirzoeff, Nicholas. London; New York: Routledge, 2002. 519-25.

ANGERER, Marie-Luise. *The body of gender. Körper. Geschlechter. Identitäten.* Wien: Passagen-Verlag, 1995.

ASAD, Talal. *Formations of the Secular. Christianity, Islam, Modernity.* Cultural Memory in the Present. Ed. Bal, Mieke; deVries, Hent. Stanford: Stanford University Press, 2003.

AUSTIN, John L. *How to Do Things with Words.* Ed. Urmson, J.O. and Sbisà, Marina. Vol. 2. Harvard 1975.

BABKA, Anna. „Geschlecht Als Konstruktion. Eine Annäherung aus der Sicht der Dekonstruktion." *produktive differenzen. forum für differenz- und genderforschung. http://differenzen.univie.ac.at/texte_dekonstruktion.php* (2003).

BACHMANN-MEDICK, Doris. *Cultural Turns. Neuorientierung in den Kulturwissenschaften.* Hamburg: Rowohlt, 2006.

BALME, Christopher. „Stages of Vision: Bild, Körper und Medium im Theater." *Quel Corps? Eine Frage der Repräsentation.* Ed. Belting, Hans; Kamper, Dietmar; Schulz, Martin. München: Wilhelm Fink Verlag, 2002. 349-64.

BALME, Christopher. „Schwellen der Toleranz: Künstlerische Freiheit und das Theater des öffentlichen Raums." *Politik des Raumes. Theater und Topologie.* Ed. Fischer-Lichte, Erika; Wihstutz, Benjamin. München: Wilhelm Fink, 2010. 121-30.

BAILEY, David A.; Tawadros, Gilane. „Inroduction." *Veil: Veiling, Representation and Contemporary Art.* Ed. Bailey, David A.; Tawadros, Gilane. London: in IVA, 2003. 16-40.

BELTING, Hans. *Bild-Anthropologie. Entwürfe für eine Bildwissenschaft.* München: Fink, 2001.

BELTING, Hans. „Image, Medium, Body: A New Approach to

Iconology." *Critical Inquiry* 31 (Winter 2005): 302-19.

BENHABIB, Seyla; Butler, Judith; Cornell, Drucilla; Fraser, Nancy. *Der Streit um Differenz. Feminismus und Postmoderne in der Gegenwart.* Frankfurt am Main: Fischer, 1993.

BERGER, Anne-Emmanuelle. „The Newly Veiled Woman: Irigaray, Specularity, and the Islamic Veil." *Diacritics* 28.1 (1998): 93-119.

BERMAN, Nina. *Orientalismus, Kolonialismus und Moderne: Zum Bild des Orients in der deutschsprachigen Kultur um 1900.* Stuttgart: M u. P. Verlag für Wiss. u. Forschung, 1996.

BHABHA, Homi. *Die Verortung der Kultur.* Tübingen: Stauffenberg Verlag, 2007[2000].

BOURDIEU, Pierre. *Die männliche Herrschaft.* Frankfurt a.M.: Suhrkamp, 2005.

BOURDIEU, Pierre. *Algerische Skizzen.* Berlin: Suhrkamp, 2010[2008].

BOVENSCHEN, Silvia. *Die imaginierte Weiblichkeit. Exemplarische Untersuchungen zu kulturgeschichtlichen und literarischen Präsentationsformen des Weiblichen.* Frankfurt am Main: Suhrkamp, 2003.

BRANDSTETTER, Gabriele. „Körper - Maske - Sprach-Maske. Inszenierung von Weiblichkeit in Werken von Arthur Schnitzler, Rebecca Horn und Maguy Marin." *Maskeraden. Geschlechterdifferenz in der literarischen Inszenierung.* Ed. Bettinger, Elfi; Funk, Julia Berlin: Erich Schmidt, 1995. 338-64.

BUTLER, Judith. „Performative Acts and Gender Constitution: An Essay in Phenomenology and Feminist Theory." Gefunden unter: http://www.mariabuszek.com/kcai/PoMoSeminar/Readings/BtlrPerfActs.pdf. 1988.

BUTLER, Judith. *Das Unbehagen der Geschlechter.* Frankfurt am Main: Suhrkamp, 1991.

BUTLER, Judith. *Körper von Gewicht. Die diskursiven Grenzen des Geschlechts.* Frankfurt am Main: Suhrkamp, 1997.

BUTLER, Judith. „Afterword." *Bodily Citations. Religion and Judith Butler.* Ed. Armour, Ellen T.; St. Ville, Susan. Gender, Theory, and Religion. New York: Columbia University Press, 2006. 276-93.

BUBLITZ, Hannelore. *Judith Butler zur Einführung.* Hamburg: Junius, 2002.

CALHOUN, Craig, ed. *Habermas and the Public Sphere.* Cambridge, Massachusetts: MIT Press, 1992.

COLEBROOK, Claire. *Gender.* Transitions. Ed. Wolfreys, Julian. New York: Palgrave Macmillan, 2004.

CONRAD, Sebastian; Randeria, Shalini. „Einleitung. Geteilte Geschichten - Europa in einer postkolonialen Welt." *Jenseits des Eurozentrismus. Postkoloniale Perspektiven in den Geschichts- und Kulturwissenschaften.* Ed. Conrad, Sebastian; Randeria, Shalini. Frankfurt a.M.; New York: Campus, 2002. 9-49.

CRENSHAW, Kimberle. „Mapping the Margins: Intersectionality, Identity Politics, and Violence against Women of Color." *Stanford Law Review* 43.6 (1991): 1241-99.

CSORDÁS, Thomas J. , ed. *Embodiment and Experience. The Existential Ground of Culture and Self.* Cambridge 1994.

CULLER, Jonathan. *Dekonstruktion. Derrida und die poststrukturalistische Literaturtheorie.* Hamburg: Rowohlt, 1988.

CZERNY, Astrid; Kappel, Armin; Kuske, Silvia. „Das Orientbild des Westens. Die Botschaft hinter den Bildern." *Der Islam in den Medien.* Ed. Religionswissenschaft, Medienprojekt Tübinger. Studien zum Verstehen fremder Religionen I. Gütersloh: Gütersloher Verl.-Haus, 1994. 17-30.

DELEUZE, Gilles. *Foucault.* Frankfurt am Main: Suhrkamp, 1992.

DERRIDA, Jacques. *Dissemination.* Wien: Passagen-Verlag, 1995[1972].

DUCILLE, Ann. „Black Barbie and the Deep Play of Difference." *The Feminism and Visual Culture Reader.* Ed. Jones, Amelia. London: Routledge, 2003. 337-48.

DUDEN, Barbara. *Der Frauenleib als öffentlicher Ort. Vom Missbrauch des Begriffs Leben.* München: Deutscher Taschenbuch Verlag, 1994.

EL GUINDI, Fadwa. *Veil – Modesty, Privacy and Resistance.* Dress, Body, Culture. Ed. Eicher, Joanne B. Oxford, New York: Berg, 1999.

ELEY, Geoff. „Nations, Publics, and Political Cultures. Placing Habermas in the Nineteenth Century." *Habermas and the Public Sphere.* Ed. Calhoun, Craig. Cambridge, Massachusetts: MIT Press, 1992.

ENSLER, Eve. *Die Vagina Monologe.* München: Piper, 2005.

FANON, Frantz. „Algeria Unveiled" (1959). Zitiert nach: *http://home.comcast.net/.../fanonfrantz_algeriaunveiled1959.pdf, aufger. am 28.08.2010.*

FELMAN, Shoshana. „Weiblichkeit wiederlesen.“ *Dekonstruktiver Feminismus.* Ed. Vinken, Barbara. Frankfurt am Main: Suhrkamp, 1995. 33-61.

FISCHER-LICHTE, Erika. „Verkörperung.“ *Metzler Lexikon Theatertheorie.* Ed. Fischer-Lichte, Erika; Kolesch, Doris; Warstat, Matthias. Stuttgart: Metzler, 2005. 379-82.

FLEßNER, Heike. „Genitalverstümmelung.“ *Metzler Lexikon. Gender Studies. Geschlechterforschung. Ansätze – Personen – Grundbegriffe.* Ed. Kroll, Renate. Stuttgart, Weimar: Metzler, 2002. 148.

FOUCAULT, Michel. *Die Geburt der Klinik. Eine Archäologie des ärztlichen Blicks.* München: Carl Hanser Verlag, 1973.

FOUCAULT, Michel. *Die Ordnung der Dinge.* Frankfurt am Main: Suhrkamp, 1974[1966].

FOUCAULT, Michel. *Überwachen und Strafen.* Frankfurt am Main: Suhrkamp, 1975.

FRANCK, Georg. „Werben und Überwachen. Zur Transformation des städtischen Raums.“ *Bild-Raum-Kontrolle. Videoüberwachung als Zeichen gesellschaftlichen Wandels.* Ed. Hempel, Leo; Metelmann, Jörg. Frankfurt am Main: Suhrkamp, 2005. 141-56.

GLASMEIER, Michael. „Drei Denker-Künstler: Magritte, Foucault, Broodthaers.“ *Kunst und Medialität.* Ed. Febel, Gisela; Joly, Jean-Baptiste; Schröder, Gerhart. Stuttgart: Merz & Solitude, 2004.

GRACE, Daphne. *The Women in the Muslin Mask. Veiling and Identity in Postcolonial Literature.* London: Pluto Press, 2004.

GRAHAM-BROWN, Sarah. *Images of Women. The Portrayal of Women in Photography of the Middle East, 1860-1950.* London: Quartet Books, 1988.

GUGUTZER, Robert. *Soziologie des Körpers.* Bielefeld: transcrpit, 2004.

HABERMAS, Jürgen. *Strukturwandel der Öffentlichkeit. Untersuchungen zu einer Kategorie der bürgerlichen Gesellschaft, 1. unveränd. um. e. Vorw. (1990) erg. Neuaufl.* Frankfurt a.M.: Suhrkamp, 1990 [1962].

HABERMAS, Jürgen. *Zwischen Naturalismus und Religion. Philosophische Aufsätze.* Frankfurt am Main: Suhrkamp, 2009.

HARDT, Yvonne. „Körperlichkeit." *Metzler-Lexikon Theatertheorie.* Ed. Fischer-Lichte, Erika; Kolesch, Doris; Warstat, Matthias. Stuttgart: Metzler, 2005. 178-86.

HEINZE, Dagmar. „Fremdwahrnehmung und Selbstentwurf: Die kulturelle und geschlechtliche Konstruktion des Orients in deutschsprachigen Reiseberichten des 19. Jahrhunderts." *Beschreiben und Erfinden. Figuren des Fremden vom 18. bis zum 20. Jahrhundert.* Ed. Hölz, Karl; Schmidt-Linsenhoff, Viktoria; Uerlings, Herbert. Vol. 34. Trierer Studien zur Literatur. Frankfurt a.M.: Peter Lang, 2000. 45-93.

JENSEN, Heike. „Sexualität." *Gender@Wissen. Ein Handbuch der Gender-Theorie.* Ed. von Braun, Christina; Stephan, Inge. 2 ed. Böhlau: UTB, 2009. 123-40.

JONES, Amelia. „Dispersed Subjects and the Demise of the ‚Individual'. 1990s Bodies in/as Art. ." *The Visual Culture Reader.* Ed. Mirzoeff, Nicholas. 2 ed. London, New York: Routledge, 2002. 696-711.

KOHL, Karl-Heinz. „Cherchez la femme d'orient." *Europa und der Orient: 800-1900.* Ed. Sievernich, G.; Budde, Hendrik. Gütersloh/ München 1989. 356-67.

KNAPP, Gudrun-Axeli. *Achsen der Differenz.* Münster: Westfäl. Dampfboot, 2003.

KREUDER, Friedemann. „Maske/Maskerade." *Metzler Lexikon Theatertheorie.* Ed. Fischer-Lichte, Erika; Kolesch, Doris; Warstat, Matthias. Stuttgart: Metzler Verlag, 2005. 192-94.

KROLL, Renate. „Geschlechterdifferenz.“ *Metzler Lexikon. Gender Studies. Geschlechterforschung. Ansätze – Personen – Grundbegriffe.* Ed. Kroll, Renate. Stuttgart, Weimar: Metzler, 2002. 153-54.

KUHN, Thomas. *Die Struktur wissenschaftlicher Revolutionen.* Frankfurt a.M.: Suhrkamp, 1967.

LATOUR, Bruno. *Iconoclash. Gibt es eine Welt jenseits des Bilderkrieges?* Berlin: Merve Verlag, 2002.

LEWIS, Reina; Mills, Sara. „Introduction.“ *Feminist Postcolonial Theory. A Reader.* Ed. Lewis, Reina; Mills, Sara. Edinburgh: Edinburgh University Press, 2003. 1-25.

LITTLEWOOD, Barbara. „Body Politics.“ *Feminist Perspectives on Sociology.* Ed. Littlewood, Barbara. Essex: Pearson, 2004. 102-29.

LUHMANN, Niklas. „Frauen, Männer und George Spencer Brown.“ *Frauen, Männer, Gender Trouble.* Ed. Pasero, Ursula; Weinbach, Christine. Frankfurt a.M.: Suhrkamp, 2003[1988]. 15-63.

LUTZ, Helma; Vivar, Maria; Supik, Linda, ed. *Fokus Intersektionalität. Bewegungen und Verortungen eines vielschichtigen Konzepts.* Wiesbaden: VS Verlag für Sozialwissenschaften, 2010.

MACKENZIE, John M. *Orientalism. History, Theory and the Arts.*

Manchester [u.a.]: Manchester Univ. Press, 1995.

MAE, Michiko. „Privatheit/Öffentlichkeit.“ *Metzler Lexikon. Gender Studies. Geschlechterforschung. Ansätze – Personen – Grundbegriffe.* Ed. Kroll, Renate. Stuttgart, Weimar: Metzler, 2002. 320-21.

MAH, Harold. „Phantasies of the Public Sphere. Rethinking the Habermas of Historians.“ *The Journal of Modern History* 72 (2000).

MAHMOOD, Saba. *Politics of Piety. The Islamic Revival and the Feminist Subject.* Princeton: Princeton University Press, 2005.

MAHMOOD, Saba. „Agency, Performativity, and the Feminist Subject." *Bodily citations: religion and Judith Butler*. Ed. Armour, Ellen T.; St. Ville, Susan. New York: Columbia University Press, 2006. 177-225.

MARTIN, Biddy; Mohanty, Chandra Talpade. „Feminist Politics: What's home got to do with it?" *Feminist Studies. Critical Studies*. Ed. de Lauretis, Teresa. Bloomington: Indiana University Press, 1986. 191-213.

MENKE, Bettine. „Verstellt: Der Ort der Frau - Ein Nachwort." *Dekonstruktiver Feminismus*. Ed. Vinken, Barbara. Frankfurt am Main: Suhrkamp, 1995. 436-76.

MENTGER, Gabriele. „Mode: Modellierung und Medialisierung. Der Geschlechterkörper in der Kleidung." *Handbuch Frauen- und Geschlechterforschung. Theorie, Methode, Empirie*. Ed. Becker, Ruth; Kortendiek, Beate. Wiesbaden: VS Verlag für Sozialwissenschaften 2008.774.

MERNISSI, Fatima. „The Meaning of Spatial Boundaries." *Feminist Postcolonial Theory. A Reader*. Ed. Lewis, Reina; Mills, Sara. Edinburgh: Edinburgh University Press, 2003. 489-502.

MITCHELL, W.J.T. „Showing Seeing. A Critique of Visual Culture." *The Visual Culture Reader*. Ed. Mirzoeff, Nicholas. 2 ed. London, New York: Routledge, 2002. 86-102.

MITCHELL, W.J.T. *What do pictures want? The lives and loves of images*. Chicago: The University of Chicago Press, 2005.

MITCHELL, W.J.T. *Bildtheorie*. Frankfurt am Main 2008[1994].

MOHANTY, Chandra Talpade. "Under western eyes: Feminist scholarship and colonial discourse." *Feminist Postcolonial Theory. A reader*. Ed. Lewis, Reina; Mills, Sara. Edinburgh: Edinburgh University Press, 2003. 49-75.

MORTON, Stephen. *Gayatri Spivak. Ethics, Subalternity and the Critique of Postcolonial Reason*. Cambridge: Polity Press, 2007.

MULVEY, Laura. *Visual and other pleasures.* 2 ed. Basingstoke; New York: Palgrave Macmillan, 2009[1989].

NANDI, Miriam. „Gayatri Chakravorty Spivak: Übersetzungen aus Anderen Welten." *Kultur. Theorien der Gegenwart.* Ed. Moebius, Stephan; Quadflieg, Dirk. 2.ed. Wiesbaden: VS Verlag für Sozialwissenschaften, 2011. 120-32.

NEGT, Oskar; Kluge, Alexander. *Öffentlichkeit und Erfahrung. Zur Organisationsanalyse von bürgerlicher und proletarischer Öffentlichkeit.* Frankfurt am Main: Suhrkamp, 1972.

NOCHLIN, Linda. „The Imaginary Orient." *The Nineteenth-Century Visual Culture Reader.* Ed. Schwartz, Vanessa; Przyblyski, Jeannene. New York: Routledge, 2004. 289-98.

OSTER-STIERLE, Patricia. *Der Schleier im Text. Funktionsgeschichte eines Bildes für die neuzeitliche Erfahrung des Imaginären.* München: Fink, 2002.

OSTERHAMMEL, Jürgen; Petersson, Niels P. *Geschichte der Globalisierung. Dimensionen, Prozesse, Epochen.* München: C.H. Beck, 2003.

PHELAN, Peggy. „Broken Symmetries." *The Feminism and Visual Culture Reader.* Ed. Jones, Amelia. London: Routledge, 2003.

POLASCHEGG, Andrea. *Der andere Orientalismus. Regeln deutsch-morgenländischer Imagination im 19. Jahrhundert.* Quellen und Forschungen zur Literatur- und Kulturgeschichte. Ed. Osterkamp, Ernst; Röcke, Werner. Vol. 35. Berlin: de Gruyter, 2005.

POPPE, Sandra; Schüller, Thorsten; Seiler, Sascha. *9/11 als kulturelle Zäsur. Repräsentationen des 11. September 2001 in kulturellen Diskursen, Literatur und visuellen Mediien.* Bielefeld: Transcript, 2009.

RAHM, Berta, ed. *Hedwig Dohm. Emanzipation.* Zürich: Ala Verlag, 1982.

RENTSCH, Th. „Paradigma." *Historisches Wörterbuch der Philosophie Bd. 7.* Basel, Stuttgart 1989. 74-81.

RIVIERE, Joan. „Womanliness as a masquerade." *Formations of Fantasy*. Ed. Burgin, Victor; Donald, James; Kaplan, Cora London/ New York: Routledge, 1989. 35-44.

ROOSEN, Adelheid: *The Veiled Monologues*. 2004. Gefunden in: *Theatre* 37.2 (2007).

RÖTTGER, Kati; Jackob, Alexander, ed. *Theater und Bild. Inszenierungen des Sehens*. Bielefeld: transcript, 2009.

SAID, Edward. *Orientalism*. New York: Vintage Books, 1979.

SARDAR, Ziauddin. *Der fremde Orient. Geschichte eines Vorurteils*. deutsche Ausgabe ed. Berlin: Wagenbach, 2002.

SCHABERT, Ina. „Geschlechtermaskerade." *Die Sprache der Masken*. Ed. Schabert, Tilo. Vol. 9. Eranos. Würzburg: Königshausen&Neumann, 2002. 53-76.

SCHABERT, Tilo. „Einführung: Über die Notwendigkeit und den Nutzen einer Sprache der Masken." *Die Sprache der Masken*. Ed. Schabert, Tilo. Vol. 9. Eranos. Würzburg: Königshausen&Neumann, 2002. 9-17.

SCHOLZ, Sebastian; Surma, Hanna. „Exceeding the Limits of Representation. Screen and/as Skin in Claire Denis' Trouble Every Day." *Studies in French Cinema* 2008.1. Sensing Film: Body, Genre, Audience. (2008): 5-16.

SCHOR, Naomi. „Dieser Essentialismus, der keiner ist - Irigaray begreifen." *Dekonstruktiver Feminismus. Literaturwissenschaft in Amerika*. Ed. Vinken, Barbara. Frankfurt a.M.: Suhrkamp, 1992. 219-46.

SCHRADER, Sabine. „Begehren, weibliches." *Metzler Lexikon. Gender Studies. Geschlechterforschung. Ansätze – Personen – Grundbegriffe*. Ed. Kroll, Renate. Stuttgart, Weimar: Metzler, 2002. 35-36.

SELLAR, Tom. „World Bodies. *Adelheid Roosen and* the Veiled Monologues." *Theatre* 37.2 (2007): 7-21.

SPIVAK, Gayatri Chakravorty. „French Feminism in an International Frame." *Yale French Studies.* No. 62, Feminist Readings: French Texts/American Contexts. (1981): 154-84.

SPIVAK, Gayatri Chakravorty. „Can the Subaltern Speak?" *Marxism and the Interpretation of Culture.* Ed. Nelson, Cary; Grossberg, Lawrence. Chicago: University of Illinois Press., 1988. 271-317.

SPIVAK, Gayatri Chakravorty. „Verschiebung und der Diskurs der Frau." *Dekonstruktiver Feminismus. Literaturwissenschaft in Amerika.* Ed. Vinken, Barbara. Frankfurt am Main: Suhrkamp, 1992. 183-219.

STOCKTON, Kathryn Bond. *God between their lips. Desire between women in Irigaray, Bronte, and Eliot.* Stanford: Stanford University Press, 1994.

STONE, Sandy. „A Posttranssexual Manifesto." *The Feminist and Visual Culture Reader.* Ed. Jones, Amelia. New York: Routledge, 2003. 182-91.

STOWASSER, Barbara Freyer. *Women in the Qur'an, Traditions, and Interpretation.* New York: Oxford University Press, 1994.

TIBI, Bassam. *Die Krise des modernen Islam. Eine vorindustrielle Kultur im wissenschaftlichen Zeitalter. Erweiterte Ausgabe. Mit einem Essay: Islamischer Fundamentalismus als Antwort auf die doppelte Krise.* Frankfurt a.M.: Suhrkamp, 1991.

VILLA, Paula-Irene. *Sexy bodies. Eine soziologische Reise durch den Geschlechtskörper.* Wiesbaden: VS Verlag für Sozialwissenschaften, 2006.

VILLA, Paula-Irene. „Körper." *Handbuch Soziologie.* Ed. Baur, Nina; Korte, Herrmann; Löw, Martina. Wiesbaden: VS Verlag für Sozialwissenschaften, 2008. 201-19.

VISWESWARAN, Kamala. *Fictions of feminist ethnography.* Minneapolis: University of Minnesota Press, 1994.

WALZER, Michael. „Politik der Differenz. Staatsordnung und Toleranz in der multikulturellen Welt." *Toleranz. Philosophische Grundlagen und gesellschaftliche Praxis einer umstrittenen Tugend.* Ed. Forst, Rainer. Frankfurt am Main: Suhrkamp, 2000.

WEIBEL, Peter. „Die koloniale Kondition. Eine Einführung." *Inklusion: Exklusion. Probleme des Postkolonialismus und der globalen Migration.* Ed. Weibel, Peter; Zizek, Slavoj. Vol. 2. Wien: Passagen Verlag, 2010. 13-19.

WEIHE, Richard. *Die Paradoxie der Maske. Geschichte einer Form.* München: Fink, 2004.

WENDE, Waltraud. „*Gender*/Geschlecht." *Metzler Lexikon. Gender Studies. Geschlechterforschung. Ansätze – Personen – Grundbegriffe.* Ed. Kroll, Renate. Stuttgart, Weimar: Metzler, 2002. 141-42.

YEGENOGLU, Meyda. *Colonial Fantasies: Towards a Feminist Reading of Orientalism.* Cambridge: Cambridge University Press, 1998.

YEGENOGLU, Meyda. „Veiled Fantasies: Cultural and Sexual Difference in the Discourse of Orientalism." *Feminist Postcolonial Theory. A Reader.* Ed. Lewis, Reina; Mills, Sara. Edinburgh: Edinburgh University Press, 2003. 542-67.

ZARILLI, Phillip B.; McConachie, Bruce. *Theatre Histories. An Introduction.* 2006.

Zeitungsartikel

BAHNERS, Patrick. „Der siegreiche Feminismus will Minderheiten nicht mehr schützen." *Frankfurter Allgemeine Zeitung* 22.9.2010.

DREES, Stephanie. „Das Keuchen unter dem Schleier. Eine semiotische Liebesheirat: Der Pop entdeckt die Burka." *Süddeutsche Zeitung* 23.11.2010.

STEINFELD, Thomas. „Feinderklärung. Alice Schwarzer, der Islam und der Feminismus." *Süddeutsche Zeitung* 28.09.2010.

Videos, Internetquellen

FATTOUMI, Héla; Lamoureux, Eric. *Manta.* 2009. Centre Choréographique National de Caen, Caen.

http://www.tz-online.de/aktuelles/muenchen/tz-mann-burka-verunsichert-passanten-102525.html

http://www.princesshijab.org/; http://www.rfi.fr/actude/articles/114/article_1497.asp

http://www.rebelart.net/diary/watchlist-princess-hijab/002021/ http://www.presseurop.eu/de/content/article/387951-das-raetsel-um-princess-hijab (alle aufger. am 05.09.2010)

http://www.metacafe.com/watch/bg-5004778/princess_hijab/ (gesehen am 23.11.2010)

Submission
http://www.youtube.com/watch?v=e0nG-7tO9Ws (aufger. am 10.01.2011)

Nachschlagewerke

Deutsches Wörterbuch von Jacob und Wilhelm Grimm. Band 3. Nachdr. Dtv 1991 München.

Abbildungsverzeichnis

Abb.1: *Süddeutsche Zeitung,* Nr. 234, 09.10.2010

Abb.2: http://www.rebelart.net/diary/watchlist-princess-hijab/002021/ (aufger. 5.9.2010)

Abb.3: Mit freundlicher Unterstützung des *Centre Choréographique National de Caen,* Photographies by *Laurent Philippe.*

Abb.4: Mit freundlicher Unterstützung des *Centere Choréographique National de Caen,* Photographies by *Laurent Philippe.*

In der Schriftenreihe *Kleine Mainzer Schriften zur Theaterwissenschaft* sind bisher erschienen:

Becker, Kristin:

Chicago.
Ein Mythos in seinen Inszenierungen.

(KMT, Band 1)

166 Seiten, 24,90 Euro, 2005

ISBN 978-3-8288-8929-3

Wiegmink, Pia:

Theatralität und öffentlicher Raum.
Die Situationistische Internationale am Schnittpunkt von Kunst und Politik.

(KMT, Band 2)

146 Seiten, 24,90 Euro, 2005

ISBN 978-3-8288-8935-4

Pfahl, Julia:

Québec inszenieren.
Identität, Alterität und Multikulturalität als Paradigmen im Theater von Robert Lepage.

(KMT, Band 3)

120 Seiten, 24,90 Euro, 2005

ISBN 978-3-8288-8948-4

Walkenhorst, Birgit:

Intermedialität und Wahrnehmung.
Untersuchungen zur Regiearbeit von John Jesurun und Robert Lepage.

(KMT, Band 4)

100 Seiten, 24,90 Euro, 2005

ISBN 978-3-8288-8949-1

Butte, Maren:

Das Absterben der Pose.
Die Subversion des Melodramas in Cindy Shermans Fotoarbeiten.

(KMT, Band 5)

134 Seiten, 24,90 Euro, 2006

ISBN 978-3-8288-8969-9

Naumann, Matthias:

Dramaturgie der Drohung.
Das Theater des israelischen Dramatikers und Regisseurs Hanoch Levin.

(KMT, Band 6)

268 Seiten, 24,90 Euro, 2006

ISBN 978-3-8288-8973-6

Küssner, Lisa Marie:

Sprach-Bilder versus Theater-Bilder.
Möglichkeiten eines szenischen Umgangs mit den Bilderwelten von Werner Fritsch.

(KMT, Band 7)

164 Seiten, 24,90 Euro, 2006

ISBN 978-3-8288-9050-3

Faust, Nicole:

Körperwissen in Bewegung.

(KMT, Band 8)

150 Seiten, 24,90 Euro, 2006

ISBN 978-3-8288-9175-3

Dapp, Götz:

Mediaclash In Political Theatre.
Building on and Continuing Brecht.

(KMT, Band 9)

156 Seiten, 24,90 Euro, 2006

ISBN 978-3-8288-9176-0

Watzka, Stefanie:

Verborgene Vermittler.
Ansätze zu einer Historie der Theateragenten und -verleger.

(KMT, Band 10)

174 Seiten, 24,90 Euro, 2006

ISBN 978-3-8288-9199-9

Holling, Eva:

Ist alles gespielt?
Blicke auf den Stadtraum im neuen Theater.

(KMT, Band 11)

122 Seiten, 24,90 Euro, 2007

ISBN 978-3-8288-9207-1

Reinbold, Stephanie:

Schwedisches Kinder- und Jugendtheater.
Ein Paradigma für das deutsche Kinder- und Jugendtheater seit den 1980er Jahren?

(KMT, Band 12)

132 Seiten, 24,90 Euro, 2007

ISBN 978-3-8288-9259-0

Freund, Alexandra:

Fake ist total real.
Das Theater des Igor Bauersima.

(KMT, Band 13)

204 Seiten, 24,90 Euro, 2007

ISBN 978-3-8288-9348-1

Plappert, Stefanie:

„Wahrhaftige Begegnungen"?
Facetten des ‚Fremden' im zeitgenössischen norwegischen Theater.

(KMT, Band 14)

204 Seiten, 24,90 Euro, 2007

ISBN 978-3-8288-9497-6

Waniek, Ellen:

Gerettet?
Spiegelungen des prekären Sinn-Subjekts im jungen deutschen Regietheater

(KMT, Band 15)

138 Seiten, 24,90 Euro, 2008

ISBN 978-3-8288-9737-3

Lenhardt, Martina:

Grenz.Fall.
Zum Verhältnis von Perfomance und Spiel

(KMT, Band 16)

124 Seiten, 24,90 Euro, 2008

ISBN 978-3-8288-9758-8

Pohl, Katharina:

Schönes Scheitern?
Die Suche nach Identität in den Inszenierungen Florian Fiedlers

(KMT, Band 17)

182 Seiten, 24,90 Euro, 2010

ISBN 978-3-8288-2223-8

Zipf, Hanna Maria:

Giorgio Strehlers *Arlecchino* am Piccolo Teatro di Milano

(KMT, Band 18)

178 Seiten, 24,90 Euro, 2010

ISBN 978-3-8288-2224-5

Dupré, Johanna:

Spiele des (Un)Sichtbaren.
Performativität und Politik der Wahrnehmung im argentinischen Gegenwartstheater

(KMT, Band 19)

246 Seiten, 24,90 Euro, 2010

ISBN 978-3-8288-9947-6

van den Heuvel-Arad, Maja:

Focalizing Bodies.
Visual Narratology in the Post-Dramatic Theatre

(KMT, Band 20)

90 Seiten, 24,90 Euro, 2011

ISBN 978-3-8288-2623-6

Peschke, Nadine:

Gebrochen in Raum und Zeit – Performanzen des Lichts im Dazwischen.

(KMT, Band 21)

267 Seiten, 24,90 Euro, 2011

ISBN 978-3-8288-2658-8

Wehrle, Annika:

Die Orte des Festival d'Avignon.
Die „theatrale Eroberung“ einer Stadt

(KMT, Band 22)

180 Seiten, 24,90 Euro, 2011

ISBN 978-3-8288-2785-1

Skwirblies, Lisa:

Performing the Veil.
Zur Darstellung ‚muslimischer' Verschleierung und ‚weiblichem' Körper in den visuellen Künsten nach *9/11*

(KMT, Band 23)

126 Seiten, 24,90 Euro, 2012

ISBN 978-3-8288-2867-4

Zeitfracht Medien GmbH
Ferdinand-Jühlke-Straße 7
99095 Erfurt, Deutschland
produktsicherheit@kolibri360.de